築10年からの
賃貸経営成功の鍵

賃貸経営立て直し策を伝授！

谷崎憲一

住宅新報社

前書き

本書は、2011（平成23）年に上梓した前著『その土地活用ちょっと待った!』（にじゅういち出版）に続き、私にとって2冊目の著書となります。

前著はこれから賃貸経営に踏み出そうとする方を対象とした本でしたが、本書は既に賃貸経営を始められているオーナーさん方を読者に想定し、築10年以上を経て賃貸経営が徐々に難しさを増していく段階を中心に扱っています。

賃貸経営は、建物が新しいうちはそれほどの苦労はないものです。設計や設備に多少の問題があっても、新しければ入居者が入ります。その頃の賃貸経営は気楽なもので、オーナーさんにすれば不労所得を得ているような感覚でしょう。

けれども築5年、10年と年数が経つと、外観に傷みや汚れが目立ってきたり、設備の故障が発生したり、新しいときには問題にならなかったことが次第にトラブルとして表面化してきます。追い討ちをかけるように周囲には新しい賃貸物件が出てきて、その建物は以前の物件よりもいろいろな点で進化しています。

新築のうちは退去者が出てもすぐに埋まっていたものが、築年数の経過とともに空室が埋まるまで2か月、3か月かかるようになってきます。そして次第に新築のときと同じ条件では入居者がつかなくなり、費用を投じてリフォームを行う必要が出てきたり、家賃や敷金、礼金等の入居条件の引き下げを強いられることになります。新築のうちは大船に乗っている気分だったオーナーさんも、そういう状態に至って「待てよ、このままで大丈夫なんだろうか」と心配になってきます。

新築から10年、15年の時が経ち、建物が次第に老朽化し、入居希望者の人気が離れていく中で、どうやって空室の発生を防いでいけばよいのでしょうか。賃貸経営とは建物の築年数との戦いなのです。さらに建物が20年、30年と年数を経てくる頃には、オーナーさんご本人も高齢化してきて、建物の状態だけでなく相続対策や賃貸事業継承の問題など、考えなければならないことがいろいろ出てきます。賃貸用の建物はオーナーさんの人生とともに歩み、ともに老いていくパートナーなのです。まさに人生の伴侶と言ってもいいでしょう。

築年数を経たときに問題になってくるのが、建物の管理計画です。人間でも若いうちには何も気を遣わなくとも健康で元気だったものが、高齢になるにつれていろいろトラブルが出てくるものです。歳を重ねても健康であり続けるためには、若い頃からの生活習慣や健康管理への意識が大切になってきます。建物もそれと同じです。退去後の原状回復や定期的な修繕計画をどのように進めてきたかにより、建物老朽化の進行程度は大きく異なり、それにより数十年後の選択肢も変わってきます。

そしてどんな建物でも、最後には寿命を迎えます。特に、賃貸用の建物は入居者の新築志向や耐震性の問題もあって、多くの場合は一定の築年数を経たら役目を終えることになります。苦労を共にしてきた建物が老朽化し、いよいよ賃貸物件としての寿命を迎えようとしたとき、オーナーさんにはどのような選択肢があるのでしょうか。

またオーナーさんがご存命のうちに、建物が寿命を迎えるとは限りません。実際には賃貸物件の多くはそれを建てたオーナーさんよりも長生きして、次の世代に受け継がれることになります。建物自体はまだしっかりしていても、オーナーさん自身が賃貸経営を続けるための体力と気力を保てなくなれば、経営を誰かに継承してもらわねばなりません。

そこで自らの老後への対策とともに、賃貸物件の次世代対策について考えることも必要となってきます。あらかじめ正しい対策を講じておくことで、オーナーさん自身には幸せな老後が約束され、家族からも喜ばれることになります。人間も人生の終わり頃になると

「お迎え」について考えることになりますが、賃貸経営も同じです。幸せな幕引きを迎えるためには、まだ若く元気なときから、やがてくるときを意識し、準備しておく必要があるのです。

本書では築年数が経った時期の空室対策と建物の維持管理という、人間でいえば成年に達し齢を重ねていく段階に行うべきことと、賃貸経営における最終段階、建物が老朽化してきたときの選択肢という、人間でいえば最後のお迎えのあり方について、読者の皆さんと一緒に考えていきたいと思います。

平成28年4月　谷崎　憲一

第2章 賃貸経営を取り巻く市場環境は大きく変わっています

第3章　築10年を過ぎても、まだまだ行ける賃貸経営とリスク管理

第4章　築10年過ぎの賃貸経営を成功させる鍵とは

第7章　賃貸経営立て直し策（3）　見た目が90%重要

第8章　賃貸経営立て直し策（4）　維持管理と修繕計画

第9章 賃貸経営立て直し策（5）事業パートナーとの付き合い方の見直し

第10章 建物が寿命を迎えたとき

第11章 転ばぬ先の杖 次世代対策の重要性

第1章

築10年を過ぎた賃貸住宅の問題点

1 ショッキングな相談事例

私どもの顧問弁護士さんから、「空室が多くて困っている賃貸オーナーさんがいらっしゃるので、相談に乗ってやってほしい」とご連絡をいただいたのは、数年前の春頃のことでした。東京23区内のＪＲ駅から徒歩5分前後、東京駅まで20分程度の好立地の物件と聞きましたので、現地調査も兼ねて軽い気持ちでお伺いしました。

40歳代後半の女性の方は、オーナーさんの娘さんでした。お話をうかがうと、次のような深刻な内容でした。

- お母様が、15年程前に親族から土地を賃借して4億円弱の借入れで10階建ての賃貸マンションを建設。1階が店舗、2～9階を住宅として賃貸し、10階はお母様がご自分で住まわれている。
- 新築当初は満室で、経営状態に問題はなかった。築5年過ぎから空室が発生し始めたが、不動産屋の対応が悪く、なかなか空室が埋まらなかった。
・築10年が近付いた頃からはもっと空室が多くなり、ローンの借入金返済にも事欠くようになり、たびたび延滞を起こすようになった。
・ローン会社には返済計画を見直して貰ったが、約束どおりの返済ができていないので、当初借入れから15年も経つのに、まだ残債額が3億5000万円もあり、見直し後の金利免除期限まで4年しかないのにめどが立たない。
・上場会社の管理職をしているご主人に迷惑をかけられないので、相談者がカード借入れなどで資金調達をして、当座をしのいでいる。
・現在も空室が4室ある上に一部に家賃の滞納もあるので、今月も賃料収入では、ローン返済額には不足しそうである。

駅からも近く、建物の外観も他と比べてみても見劣りしない普通の賃貸マンションです。お母様の豊かな老後生活を目指して計画されたはずなのに、それどころか老後の生活を破壊しかねない賃貸マンションになり、きっちりとした対策を立てないまま築年数だけを重ねてゆく危険な現実をみて、同じ賃貸経営に携わる者として、背筋が寒くなりました。

2 公的団体に寄せられる相談事例

(1) オーナーさんのお悩み相談ベストテン

私が会長を務める公的団体の一つ、公益社団法人東京共同住宅協会には連日、悩みを抱えたオーナーさんからの相談の電話があります。セミナーなどでうかがう相談も合わせると、年間でおよそ1000件もの相談を受けています。賃貸経営の悩みにはどんなものがあるのでしょうか。これまでのオーナーさんからの相談を分類して集計し、件数に応じて順位をつけてみましたので、ごらんください。

いろいろあるオーナーさんの悩みの中でも、最も多い第1位は、やはり空室問題です。空室が発生し、しかもそれが長期化してなかなか埋まらない。それによって経営状態が悪化しているというケースです。相談の中には空室のためにキャッシュフローが赤字化してしまい、ローンの返済もままならないという先のような事例もみられます。

（資料1－1）お悩み相談の項目別順位

順位	相談内容
1位	空室　長期化、敷0・礼0、経営の悪化
2位	家賃滞納　督促、内容証明、立退き、更新料
3位	不良入居者　契約違反、事故、自殺、事件
4位	管理会社への不満　怠慢、解約、不誠実
5位	賃料下落　競合物件の増加、値下げ交渉
6位	原状回復トラブル、敷金返還トラブル
7位	老朽化、修繕、耐震化、建替え（土地活用）
8位	相続（争族、納税）、家族調整、次世代対策
9位	経営（返済、収支、売却、確定申告）
10位	借地（地代、建替え、承諾、期間更新料）

【出典】公益社団法人 東京共同住宅協会

悩みの第2位は、家賃の滞納です。督促しても払ってくれない、どうしたらいいのか、という相談です。

第3位は、入居者によるトラブルです。ペット不可という規約なのにペットを飼ったり、騒音、ゴミ出しなどのマナーの問題など、注意しても改めようとしない不良入居者に悩むオーナーさんが多いことが分かります。

第4位は、管理を委託している管理会社への不満です。特に深刻なのは管理会社に不満があるので解約しようとして、トラブルとなった場合です。

第5位は、賃料の下落です。長引く不況とデフレ、また近年の賃貸市場の冷え込みが、経営に深刻な影響を与えていることが分かります。

上の表をごらんになるとお分かりのように、他にも退去時の原状回復義務違反や、それに伴う敷金返還についてのトラブル、また物件の老朽化に伴う修繕や建替えの悩み、相続や相続税の支払いの問題など、オーナーさんにはさまざまな悩みごとがあります。

そしてこれらの悩みごとは、建物の築年数とともに増えていきます。新築のときには何の悩みもなかったのに、築5年を過ぎると空室や家賃滞納、不良入居者など「おやっ」と思うような問題が出始め、10年を過ぎるとそれが一段と激しくなってきます。そのとき、オーナーさんは次から次へと出てくる問題への対処に奔走することになります。私の経験からも賃貸経営の相談の多くは、築10年以降の物件を所有されるオーナーさんからのものです。

高い利回りや税制上の特典といった利点を持つ賃貸経営ですが、その反面、経営がうまくいかなかった場合のリスクも伴う現実が、このような相談から浮かび上がってきています。

(2) 問題が起きた場合の対処法

問題が起きてしまった場合は原因を追究し、一つ一つつぶしていかなければなりません。

（資料1－2）築年数別の相談件数比率

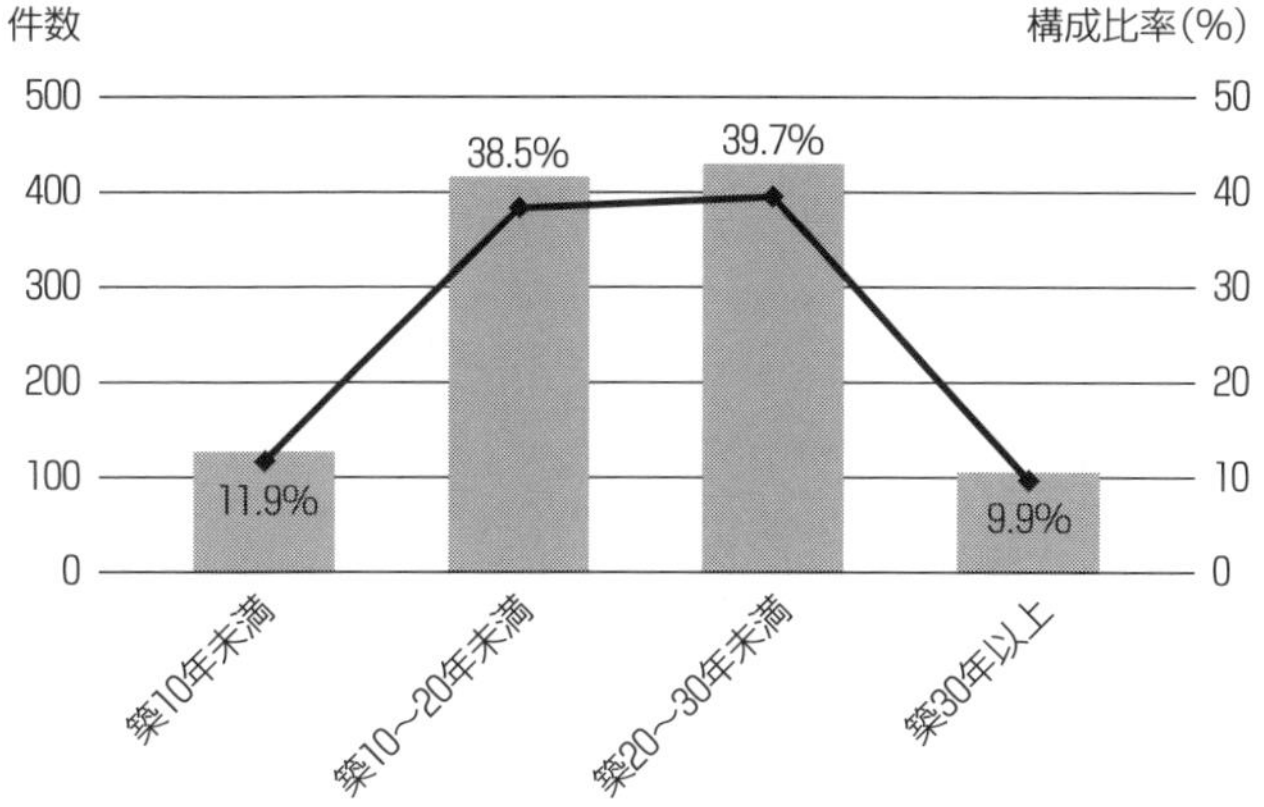

【出典】公益社団法人 東京共同住宅協会

それよりよいのは、実際に起きる前に未然に防止することです。それによって初めて健全な経営が可能になり、利回りや税制上の特典といった賃貸経営のメリットが生きてくるのです。

幸せな老後には「健康で長生き」が大事と言われます。「健康」と「長生き」が両方あっての幸せなのです。長生きだけしていても、病に苦しみ続けていたとしたら幸せな老後とは言えません。賃貸経営も同じで、経営の途中からトラブル続出でオーナーさんがへとへとになってしまうようでは、とても幸せな経営とは言えません。人に健康が大切であるように、賃貸事業にも健全な経営が大切なのです。

3 築10年を過ぎた賃貸住宅に起きている問題

賃貸住宅も、築年数を重ねていくとさまざまな問題が発生すると思われます。ここでは、空室率がどのように推移しているのか、入居されている方の収入状況はどうなっているのか、その結果オーナーさんが受け取る家賃はどのように推移しているのか、について市場の動きを検証してみましょう。

市場全体の動きを見た後、個々の物件は築年数とともに、家賃がどれだけ下落するのか考えてみましょう。

(1) 賃貸住宅空室率の推移

空室率が高くなってきて、今までのように建てれば埋まるという時代は終わったと言われる賃貸住宅市場ですが、少子高齢化、人口減少の時代を迎え、賃貸住宅の空室率は年とともに悪化してきています。5年ごとに、総務省統計局が実施している「住宅・土地統計

（資料１－３）東京都の空室数・空室率の推移

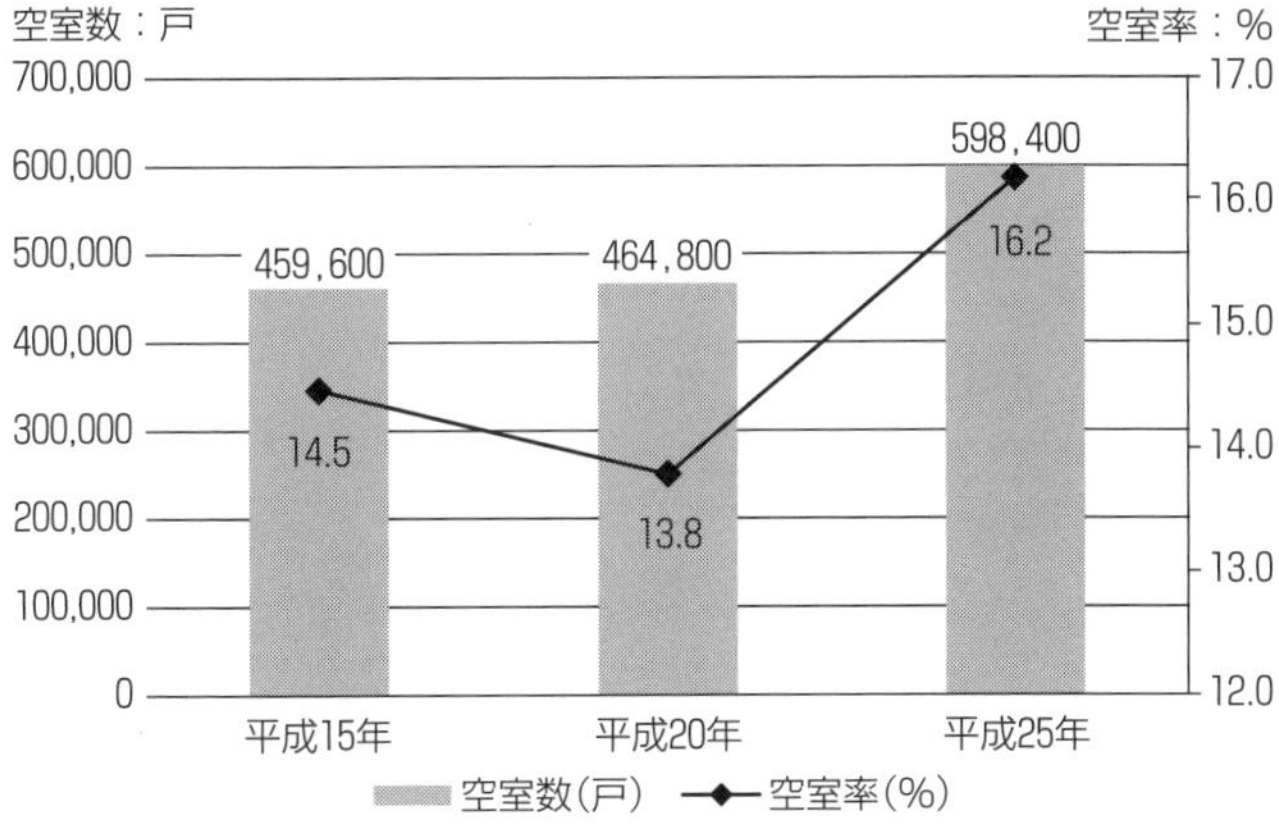

【出典】総務省統計局：「住宅・土地統計調査」

調査」では、住宅全体の空き家数のほか、賃貸住宅の空室率も調査しています。

全国の賃貸住宅空室率は、２００３（平成15）年17・6％、２００８（平成20）年18・7％、２０１３（平成25）年18・8％と、調査を重ねるごとに高くなっています。首都圏近郊でも、栃木・群馬・茨城・山梨県では、空室率が25％を超えており、地域による空室率格差が広がっています。

空室率悪化の理由は、需要減少にもかかわらず、次々と新築賃貸住宅が供給されストックが増え続けているからです。２００３（平成15）年に２０８４万戸であった賃貸住宅戸数が、10年後の２０１３（平成25）年には２２８１万戸と１９７万戸（９・５％）も増加しているからです。

私どもが活動しています東京都を見てみると、２００３（平成15）年に３１８万戸であった賃貸住宅戸数が、２０１３（平成25）年には３７０万戸となり、全国平均の２倍近い16・４％の増加率となっています。その結果、前ページのグラフのように空室数が約46万戸から約60万戸へと14万戸も増え、空室率は14・５％から16・２％に悪化しています。今まで、人口の一極集中が進む東京都だけは空室率悪化とは無縁と言われていましたが、その「一人勝ち」状態は終わりを告げ、空室増加の時代に突入し始めました。

(2) 入居者の収入状況

国土交通省は、注文・分譲・中古・賃貸・リフォーム住宅の分野別に、住替え・建替え前後の住宅・居住世帯状況・資金調達状況について、毎年調査を行い、「住宅市場動向調査報告書」として発表しています。その中に、民間賃貸住宅入居世帯の平均世帯年収という調査項目があります。２００４（平成16）年度に４５１万円だった平均世帯年収は、リーマンショック前までは上昇していましたが、２００９（平成21）年度をピークに下落し続け、２０１４（平成26）年度には４２１万円まで減っており、入居者の収入が増加す

（資料１－４）民間賃貸住宅入居世帯の平均年収

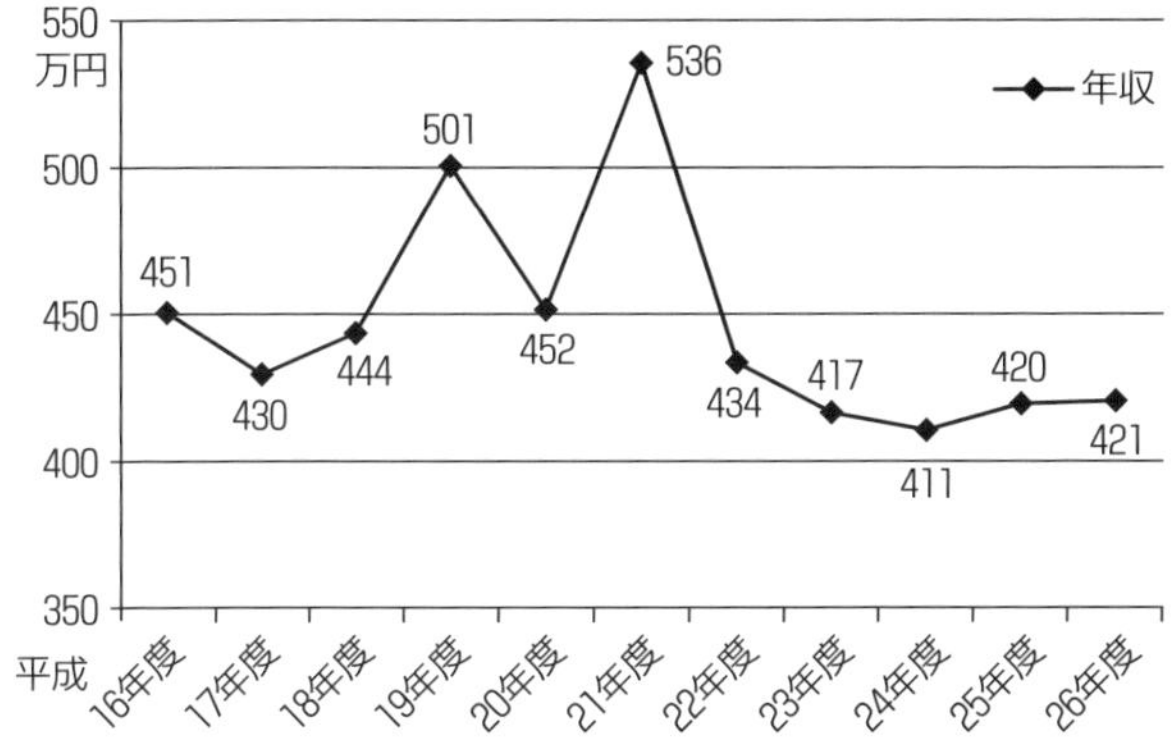

【出典】国土交通省：「2014（平成26）年度 住宅市場動向調査報告書」

るどころではなく、10年前より6・7％、ピーク の5年前より21・5％も年収が下がっているのです。

また、住宅手当を支給している企業も減少してきており、支給額も大きく減額されています。2009（平成21）年度に住宅手当が毎月平均4万6114円支給されていたものが、2014（平成26）年度には2万9703円となり、5年間で35・6％も住宅手当支給額が減少しています。

このような結果として、入居者は家賃の安い賃貸住宅を探すようになっていますので、この調査では、入居者の賃貸住宅選定理由としては、「家賃が適切だったから」が56・0％と最大の理由となっており、デザイン性や間取りより、

「適切な家賃と間取り」を求めるという、費用対効果を重視する現実的な入居者が多くなってきていることが分かります。

このような背景で、家賃負担を重いと感じる世帯が増加傾向にあり、「非常に負担感がある」と「少し負担感がある」の合計が、過去最高の70・5％という結果になっています。所得が減少している入居者にとって家賃負担は軽いものではなく、所得に見合った予算内で、条件の良い部屋を見つけたいというニーズが如実に表れています。

(3) 家賃の推移

総務省統計局では、物価の月々の動きをとらえるために消費者物価指数を調査し、公表しています。その中に民間賃貸住宅の家賃を調べている項目がありますので、過去20年間について、全国と東京都に分けて、どのように変動しているのか整理してみました。全国の平均家賃は、１９９９（平成11）年から下落し始め、２０１４（平成26）年までなんと16年連続で下落し続けています。東京都の平均家賃は、１９９５（平成7）年から下落が始まり、小幅上昇が4回ありますが、残り16年は下落し続け、20年間での下落率は7・1％となっています。新築も中古も含めた、すべての民間賃貸住宅の家賃は、ほぼ20年間

（資料１－５）民間賃貸住宅の家賃変動率

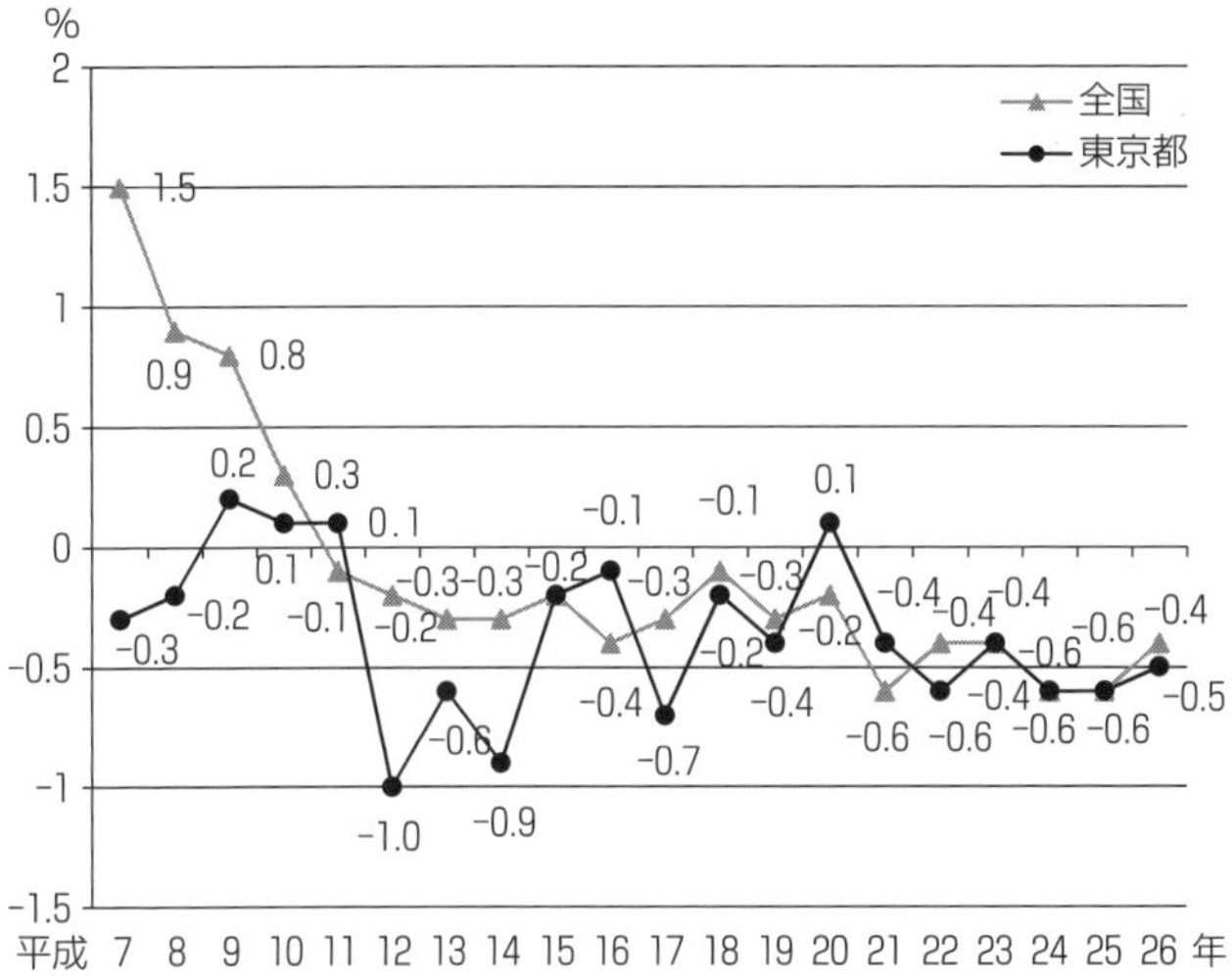

【出典】総務省統計局：「消費者物価指数」

にわたって下落し続けていること、すなわちオーナーさんが手にされている家賃収入が減り続けていることが分かります。

家賃の下落現象は、長く続いたデフレ経済の影響で入居者の所得が減少したため、可処分所得が減少し、賃料を下げざるを得なくなったからです。

（４）築年数とともに、家賃はどれだけ下落するのか？

ここまで、賃貸住宅の空室率・入居者の収入状況・家賃の推移について、市場全体の動きを見てきました。次に、オーナーさんがお持ちの賃貸住宅が、年を重ねて古くなっていくことで、新築時点から毎年どの程度、家賃が下がっていくのか、個別的要因について考えてみましょう。築年数とともに家賃は毎年何％ずつ下落していくのか、その数値が予測できなければ対策の立てようがないからです。賃料下落率を分析・推測している二つの調査を見てみましょう。

①調査報告：「経年劣化が住宅賃料に与える影響とその理由」
（２０１３（平成25）年1月16日発表　出典・株式会社三井住友トラスト基礎研究所）

最寄駅から徒歩６分、部屋面積がシングル25㎡、コンパクト40㎡、所在階は4階、都心までのアクセス時間が10分の物件を想定し、６００近くの成約モデルを構築し推定しています。

調査概要

経験的に経年による賃料の下落は年率に換算すると平均して1％程度と考えている人が多い。しかし、築浅の時期と築古の時期では、経年による賃料への下げ圧力は異なるはず

（資料１－６）タイプ別築年数別の理論賃料指数（東京23区）

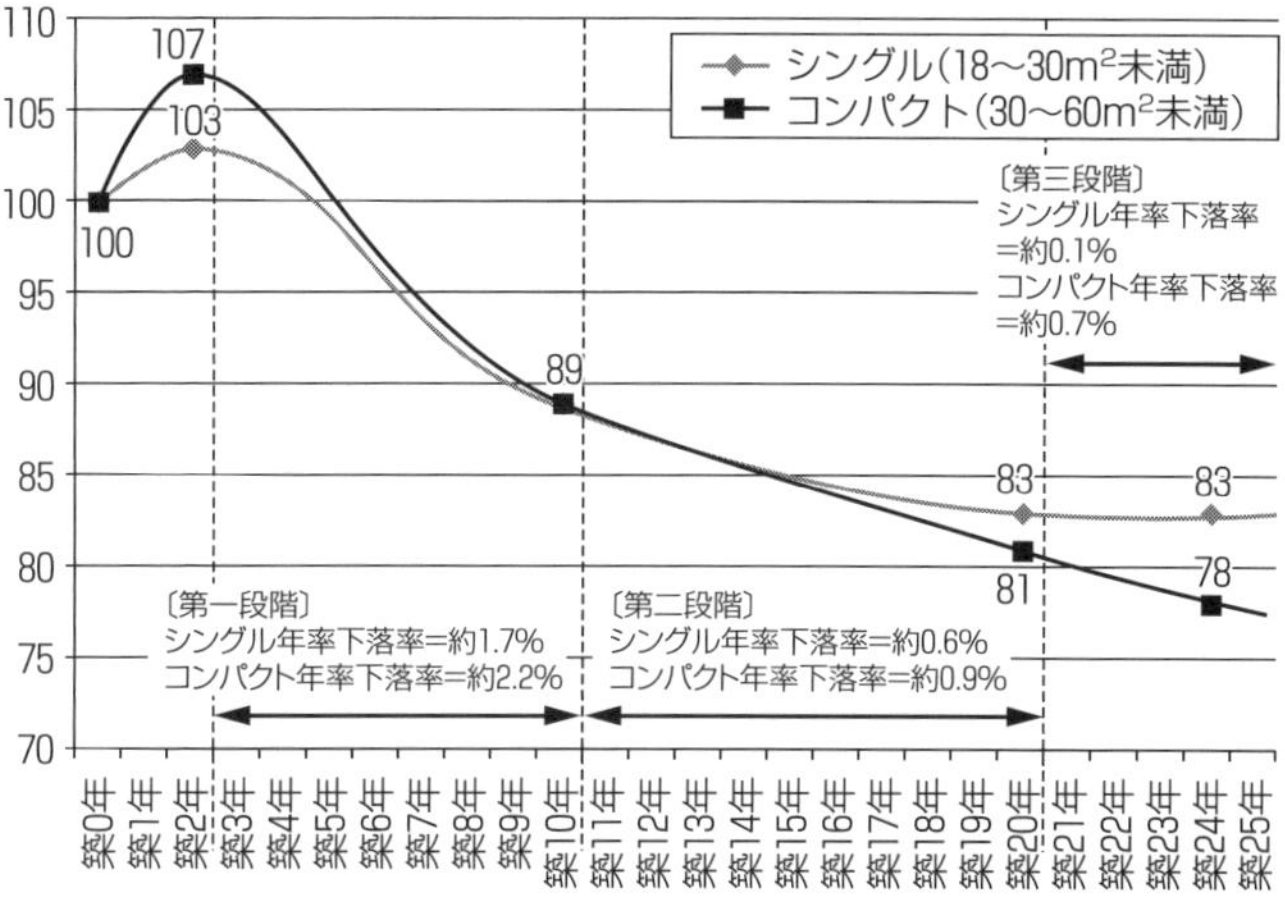

【出典】株式会社三井住友トラスト基礎研究所

である。

そこで、東京23区の賃貸マンションを対象に、経年が賃料に与える影響を分析した。経年による賃料の下落は3つのフェーズに分けられる。

第一段階：築3～10年　築浅物件は新築物件との競合にさらされ、一番大きな下げ圧力がかかっている。

第二段階：築11～20年　新築物件の賃料と比較されにくく、賃料への下げ圧力が第一段階よりも小さくなっている。

第三段階：築21年以降　第二段階よりも賃料に対する下げ圧力が低下している。

18～30㎡未満のシングルタイプでは、第一段階が年1・7％、第二段階が年0・

6％、第三段階が年０・１％、30～60㎡未満のコンパクトタイプが、年２・２％、年０・９％、年０・７％の下落と推測しています。

②調査報告：「分譲マンション賃料の徹底研究」（２０１４（平成26）年５月７日発表

出典・株式会社東京カンテイ）

分譲マンションが賃貸される場合、「築年数」×「所要時間」の違いが賃料水準に及ぼす影響を調査したものです。専有面積40～１００㎡未満の住宅物件で、最寄駅から徒歩20分以内の物件を対象にしています。

調査概要

「築年数」による賃料水準の変化について、賃料減価率を用いることでそれぞれの変化が賃料水準に与える影響を比べてみたが、築年数が古くなるに連れて最大で30～40％程度減価していた。

「徒歩７～10分」での賃料データを抜粋し、「築年数」によって賃料水準がどのように変化するのかについて以下のようにグラフで示した。

(資料１－７）三大都市圏　主要都市別　築年数による賃料減価率

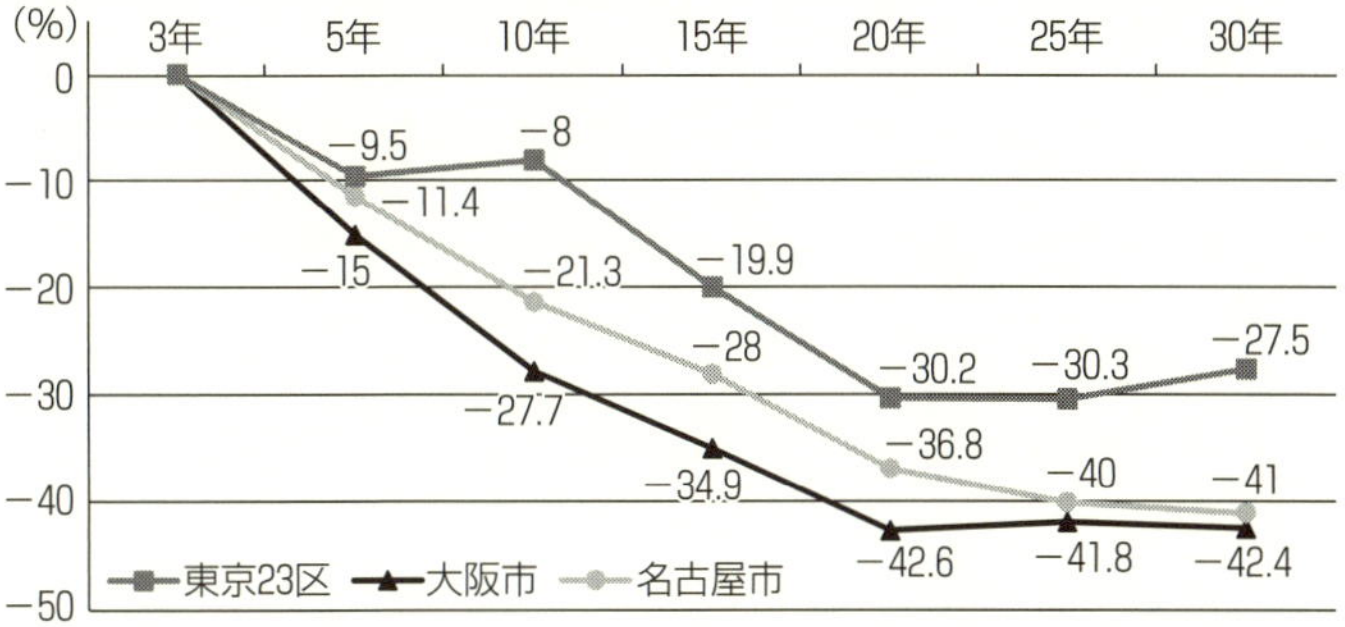

【出典】株式会社東京カンテイ

築後「３年」の賃料を１００％として、「築年数」による賃料水準の変化を減価率で見ると、東京23区では「10年」でマイナス８・０％、「15年」でマイナス19・９％、「20年」でマイナス30・２％程度と、築年数が増すごとに減価率も大きくなるが、それ以降ではおおむね30％に留まっている。

二つの調査は、①は賃貸マンション、②は分譲マンションの賃貸と対象は異なっていますが、新築後３年までは賃料は上昇しピークを迎え、築10年経過で賃料は10％前後下落し、築20年で20％前後下落し、その後は下げ止まっていることを表しています。やはり、築10年を経過した時点で賃貸住宅経営の見直しを進めないと、年数の経過とともに経営が厳しくなっていくことが、この二つの調査から明らかになっています。

第2章

賃貸経営を取り巻く市場環境は大きく変わっています

1 人口と世帯数の減少が大きな影響を与える

賃貸業もやはり事業であることから、経営者視線で世界情勢および日本情勢の時流を読むことが、事業を成功させる大きなポイントとなってきます。

その立場から日本の経済情勢に目を向けると、今後は低い経済成長率が続くとみられています。さらに少子高齢化の進行と人口の減少という問題がそこに影を投げかけています。

戦後ずっと増え続けていた日本の人口が初めて減少に転じたのは、２００５（平成17）年のことでした。それから数年は横ばい状態でしたが、２０１０（平成22）年代に入ってから、人口は毎年確実に減り始めています。その減り方も次第に加速するものと予想されています。日本の人口は、これから減少まっしぐらなのです。今後１００年間で、１００年前（明治時代後半）の水準に戻る可能性があるとも言われています。

人口が増えれば土地は足りなくなりますが、人口が減れば余ってきます。既にその兆候は現れています。総人口の減少以前に少子化の進行によって、賃貸住宅の借り手となる若

（資料２－１）日本の人口推移

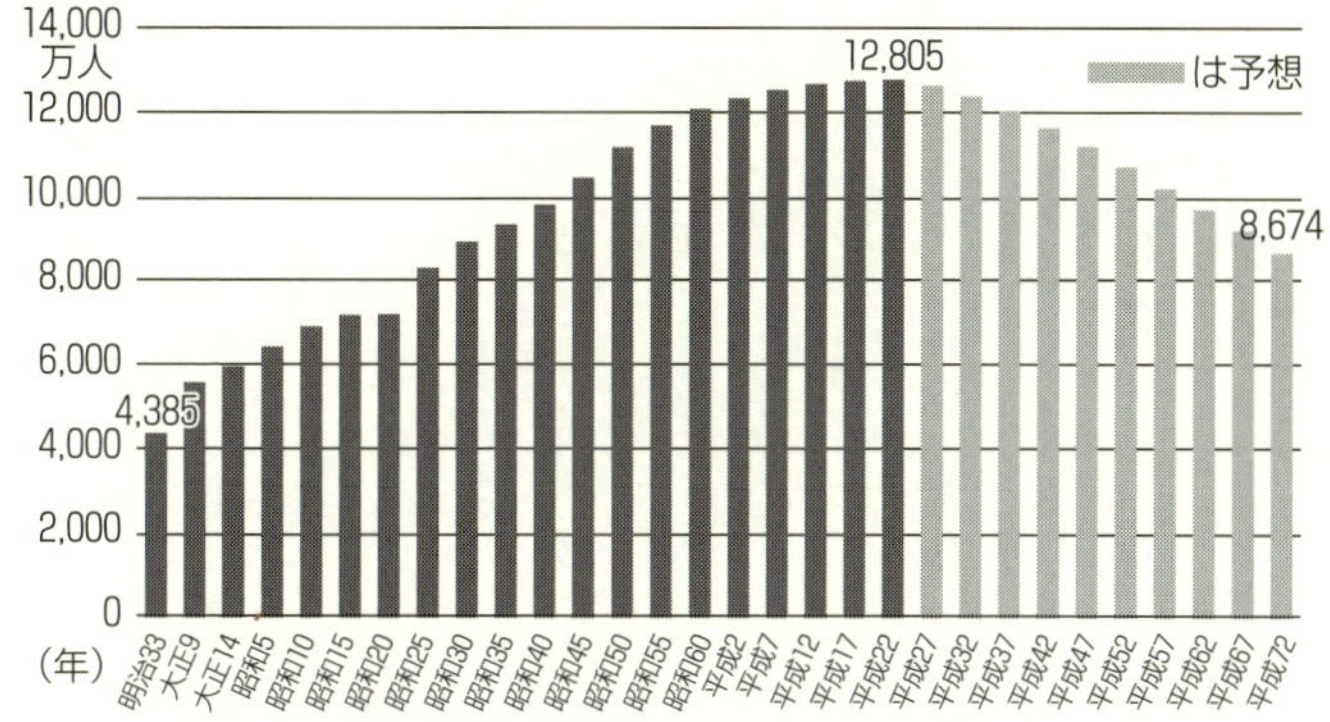

【出典】総務省統計局：「国税調査報告」　明治33年～平成22年
国立社会保障・人口問題研究所：「日本の将来推計人口」平成27年～平成72年

い世代の数が減ってきたからです。かつては需要に対して供給が不足気味で、貸し手にとっては殿様商売であった賃貸業界ですが、若い世代の減少とともに供給過剰がはっきりしてきました。地方ではこの傾向が著しく、賃貸住宅の空室率は現在、全国平均で20％近くにも及んでいます。

この変化の影響は家賃だけでなく敷金や礼金にも及び、地方では既に敷金0、礼金0の「ゼロゼロ物件」が増加し、地域によっては「土地代ゼロ」という売り物件すら出てきています。人口減少に苦しむ市町村が「タダで提供しますから、どうかお住まいになってください」と土地、あるいは建物までも無料で提供しているのです。無料で不動産が提供されている地域で、お金をとって行う賃貸経営は成り立ちません。まさに「オーナーさん不遇の時代」と言えます。

ただし、日本の総人口が減り始めたといっても、日本全国で一律に人口が減っているわけではありません。日本の中でも東京、大阪、愛知などの人口は今も増え続けています。2010（平成22）年の国勢調査によれば、東京都の人口増加率は過去5年間で5％近くあり、今や人口1300万人を超えています。隣接する神奈川、埼玉、千葉の3県もやはり5年前に比べて人口が増えており、その一方で日本の47都道府県のうち38道府県では減少しています。日本の中でも大都市圏と地方では情勢が全く違うのです。大都市圏、中でも東京圏には、不景気と言いながらもまだ人が流入してきており、都市と地方で二極化が起きているのです。

賃貸経営を始めるにあたっては、地域の人口動態を見極めるマーケティングが何よりも大切なのですが、この本をお読みのオーナーさんが、もし大都市圏、特に東京圏で賃貸経営を行っているのであれば、日本全体の人口が減少しているといっても、それほど心配しなくても大丈夫ということです。

東京は世界有数のメガロポリス（巨大都市）です。東京都に神奈川県、埼玉県、千葉県

（資料2－2）首都圏の家族類型別世帯数の推移

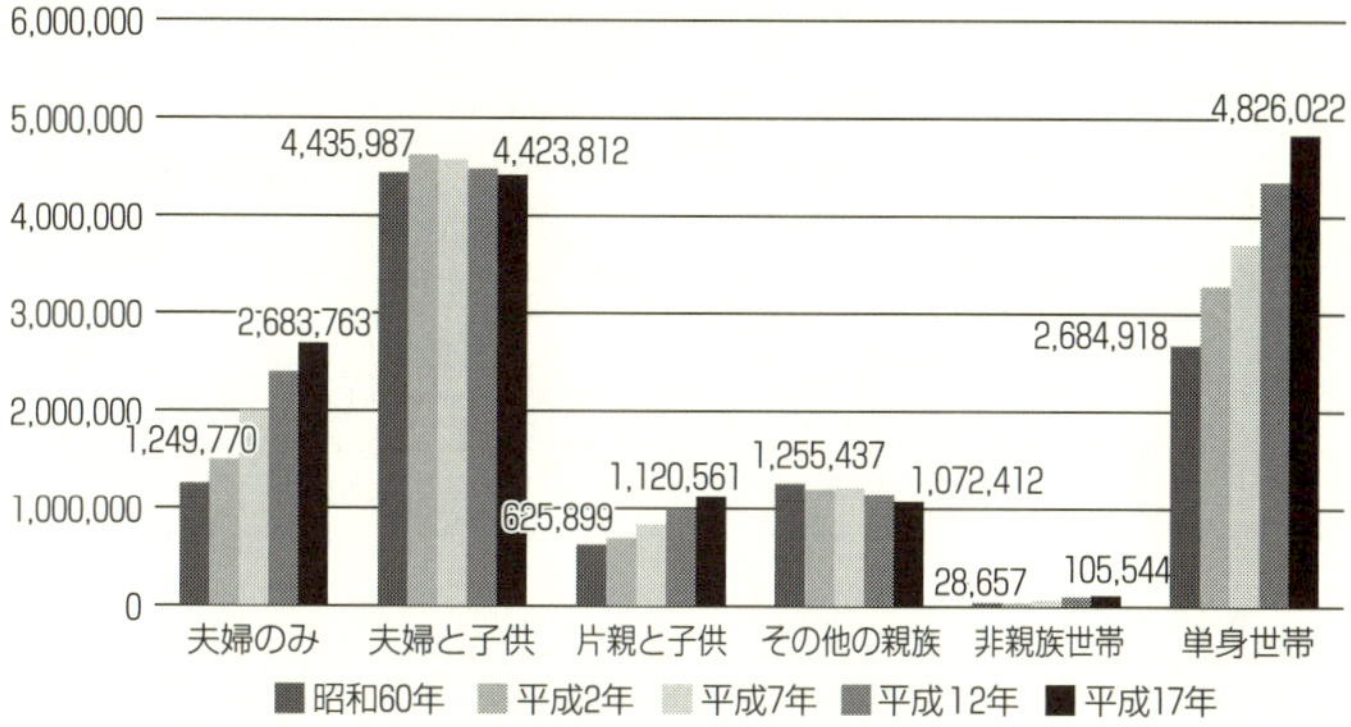

【出典】ニッセイ基礎研：所報　Vol.47
「首都圏における人口・世帯構造の変化と持家・民間賃貸住宅需要」

を加えた東京圏には、およそ3500万人が居住しています。これは実は都市圏としてはダントツで世界一なのです。それだけ巨大なマーケットがあるわけですから、きちんと原則を踏まえた経営を行えば、必ず賃貸経営は成功させることができます。

その第一歩は、地域の世帯構成を踏まえたマーケティングです。まず、首都圏全体に目を向けると、世帯構成が変わってきています。上のグラフは首都圏の世帯構成を表していますが、単身世帯が増加していてファミリー世帯が低下してきている、核家族化が進んできてディンクス（DINKS　子どものいない共働き世帯）が増えてきている現象が分かります。それでは単身を狙えばよいのかといえばそうでもないと

（資料２－３）年代別人口推移（東京都渋谷区）

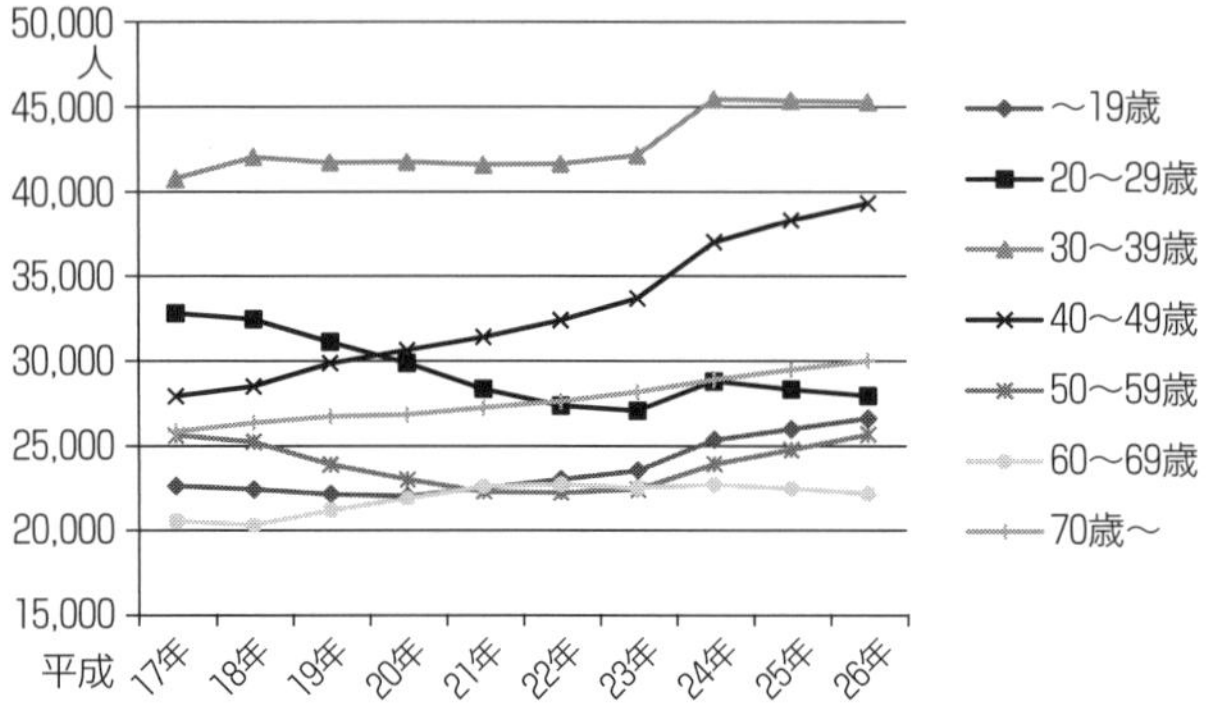

【出典】渋谷区：「住民基本台帳による人口」毎年12月末現在

ころもあり、大きなトレンドを見ながら、地域の特性を見る必要があるので、その点は注意しなければなりません。

次に、賃貸物件が立地している地域特性を分析する必要があります。上のグラフは、東京都渋谷区のここ10年間の、年代別人口推移をまとめたものです。20～29歳代の若年世代が減り、70歳以上の高齢者、30～39歳代、40～49歳代のディンクスが増えています。世帯の多様化も進んでいます。高度成長期そのままの「一億総中流」のファミリー層を狙うという考え方からもう一歩踏み込み、地域の特性をしっかりマーケティングした上で、多様化した世帯のどの層をターゲットとするのか絞り込んでいくこと、それが賃貸経営成功の第一の鍵です。

地域の世帯構成はこれから賃貸経営を始めるオーナーさんはもちろん、現に賃貸経営を行っているオーナーさんにとっても、内装の大幅な変更や間取り変更を伴うリニューアル工事を行う際の重要なチェックポイントとなってきます。やはり、賃貸経営というのは地域密着型の商売、立地がそのまま売りになるという意味でも、地域特性の把握が重要だと言えます。

2 値下げ交渉は当たり前の時代

いろいろな空室対策を行っても満室にならないという場合、最後の手段はやはり家賃の値下げです。

私は仕事柄、多くの仲介会社の声を聞いており、とりわけ2月、3月の繁忙期には10社以上からヒアリングを行っていますが、その中で多くの仲介会社が口を揃えて指摘する、近年顕著になっている一つの傾向があります。それは値下げ要求です。入居希望者が必ずといっていいほど、契約前に値下げの要望をしてくるようなってきたのです。これは少し前には全くなかったことです。

今は賃貸に関しては借り手市場で、入居者側が多くの物件の中から選別する立場です。昔のように「きょう決めてもらわないと、埋まってしまいますよ」という営業トークは通用しなくなっています。逆に「そんなことを言ってせかされるのなら、次の休みに別のところに見に行きます」と言われかねません。

東京都内でも都心部の高級マンションは厳しく、少し都心から離れた物件の方が多少条件が良くなっていますが、それでも設備を更新してやっと賃料が現状維持というぐらいです。これまで電気コンロだったものをＩＨにして、それでも家賃をダウンしなければならないというケースも出てきています。

かつては、賃貸市場では入居する側が家賃を値切ってくることなど考えられませんでした。オーナーさんの側も「値下げを言ってくるような入居者はいりません」という反応でした。今は情報誌などでも「ダメもとで、必ず価格交渉はした方がいい」と勧めており、中には２つ申し込んで、「安くしてくれた方に決めます」という人もいます。仲介業者がそう仕向けている場合もあるのです。

最近増えてきたサラリーマンオーナーさんや二代目オーナーさんは、値下げ要求があった場合の決断が早く、即断で値下げに応じるケースが多いようです。しかし昔の感覚を引きずったままのオーナーさんは、家賃を値下げすることに強い抵抗を感じる人が殆どです。お話を聞いていると「値下げしたら負けだ」と思っているようにすら感じます。今の時代に、それではだめです。値下げは当たり前のことという感覚を持たなくてはなりません。値切るのも、値下げするのも当たり前となってしまった市場の変化に対応できる柔らかさを持ったオーナーさんでないと、生き残れない時代です。

今、優良な連帯保証人もいて、入居審査を問題なく満たしている入居希望者が、「7万3000円の家賃の3000円を下げて貰えませんか」と言ってきたとします。月に3000円値引いたとすると1年間では3万6000円。次の契約更新までの2年間で考えると7万2000円の収入減です。これはほぼ1か月分の家賃に相当します。そう考えてくると、ここで値下げを呑んですぐに契約した場合と、値下げを断って次の入居者が見つかるまで2か月、3か月かかった場合を比べたときには、すぐに契約した方が得策だと分かります。そうした合理的な判断基準で状況に応じて値下げに応じる勇気が必要なのです。

この点、既存のオーナーさんはなかなか判断がつかず保留にしたまま好機を逃す傾向にあり、若手のオーナーさんは決断が早いという傾向もあります。

他の入居者との平等性を気にして、「ここで値下げに応じると、今住んでいる入居者からも値下げを求められるのでは」と心配するオーナーさんが多いのですが、ネットで公開している募集図面の段階で値段を下げているわけではないので、既存の入居者が新しい入居者の家賃について知る機会は殆どありません。値下げに応じる際に「他の入居者と家賃の話はしない」という一筆を貰うといった対処も可能ですから、それほど神経質になる必要はありません。

また礼金・敷金も厳しくなっています。今や東京都内でも普通の物件では礼金1か月、敷金1か月ぐらいが主流です。新築物件でも礼金2か月なら条件のよい方です。東京近郊の千葉県や埼玉県では礼金ゼロがとても多くなっています。

3 深刻度が進む家賃滞納にどう向き合うか

オーナーさんの目から見て眉をしかめたくなる入居者には、いろいろな人がいます。夫婦ゲンカが派手で、周囲の部屋にまで響くほどだったり、子どもの泣き声がすごかったり、子どもが走り回って下のフロアに音が響いたりといった騒音の問題もあるし、ゴミ出しのルールを守らないなどマナーの問題もあります。しょっちゅうカギを忘れてオーナーさんに借りに来るという人もいます。

けれどもオーナーさんにとって最大の不良入居者は、やはり家賃を払わない人でしょう。滞納に対してはすばやく対応することが肝心です。1か月分の家賃も払えない人が、2か月分、3か月分の家賃をまとめて払えるはずもありません。言い換えれば、家賃が2か月以上滞納しているとしたら、それはもう不良入居者化しているということなのです。

ただし、滞納している家賃の請求は慎重な配慮が必要とされる業務です。滞納にも2〜3日程度の「うっかり滞納」から、1〜2週間、さらに2〜3か月、長期になると1年、

2年の長期滞納まであって、それぞれに求められる対応は異なります。この点、殆どのオーナーさんは家賃回収のプロではありませんから、注意が必要です。オーナーさんが滞納中の家賃を催促したときに、言い方を誤ったためにトラブルとなり、果ては殺傷沙汰となったケースもあるのです。

具体的な手順を説明しましょう。一般的に家賃入金は月末で、最近では銀行振込みが殆どです。入金の期限を約定日といい、集金管理では約定日の翌日に記帳して、入金の有無を確認することが基本です。約定日に入金がなかったときは、翌日にも記帳して確認します。

2日連続で記帳しても入金が確認できないときは、3日目あるいは4日目に入居者に電話して、入金の確認を行います。この程度の遅れは意図的なものとは限らず、何かの行き違いかもしれないので、丁寧な口調で確認しましょう。

「うっかり忘れていた」ということなら、「入金をお願いします」と催促しますが、それだけではなく「何月何日の何時頃までに入金いただけるでしょうか」と期限を確認するのが望ましいといえます。「いついつまでには入金します」という返事を貰ったら、とりあえずその日まで待って、また記帳して確認します。

電話で聞いた期限になっても入金がなかったとしたら、これは要注意です。再度、電話で確認を取ることになります。このときに「もうちょっと待ってください」と言われたとしても、「分かりました」で終わらせてはいけません。必ず、「いつまで待てばいいでしょうか」と期限を決めてもらいます。「何日までには、必ず」と言われたら、さらにその日まで待つことになります。そのときには既に1週間から10日は約定日を過ぎているはずです。

それでもさらに入金がなかったとしたら、その後の電話は厳しい口調にならざるを得ません。そうしないとこちらの断固とした意思が伝わらないからです。このときは面談の申し入れぐらいはしなくてはなりません。日を決めて実際に顔を合わせ、支払約定書を用意して、「何月何日までに入金します」と書面の形で約束してもらいます。このときの期限は、おそらく約定日から2ないし3週間後になっているはずです。

その期限が来てもまだ支払いがないとなったら、今度は配達証明をつけて督促の文書を送ります。「何月何日までに入金していただけなければ、法的手段に訴えます」といった文言になります。

そして約定日から1か月が過ぎたら、今度は内容証明で同様の督促状を送るとともに、連帯保証人にも連絡を取ります。

何もしないで待っていたら、あっという間に1か月が過ぎてしまいます。こうした集金管理に無頓着なオーナーさんは、やがて長期滞納に苦しむことになります。最近は優良な管理会社が増えてきているため、今後の賃貸経営を共に考えていただけるパートナーとして自主管理ではなく管理会社と共に歩むというベテランオーナーさんも出てきているので、それも一考だと思います。

家賃滞納事例1：入居者に脅された高齢女性オーナーさん

80歳になる東京都郊外の女性オーナーさんは、4年もの間、家賃滞納に苦しんでいました。一戸建ての家を月8万円で貸していたのですが、入居者が全く家賃を払おうとしないのです。月8万円というと、1年で100万円弱。4年間では400万円近くになります。このオーナーさんには息子さんがおられましたが、「仕事で忙しい息子に迷惑をかけたくない」という思いで、誰にも打ち明けられずに悶々と悩まれていたのです。けれどもあるとき息子さんが気づいて、オーナーさんは涙ながらに次のように話されたそうです。

家賃滞納が始まって1年目のとき、オーナーさんは街でたまたま入居者と出くわしたそうです。そこで「家賃を払ってください」とお願いしたところ、いきなり胸ぐらをつかまれて、細い路地に引きずり込まれ、ひどい言葉で脅されたというのです。ご高齢の女性オーナーさんはそれで震え上がってしまって、家賃の督促どころか、貸した家に近づくこともできなくなってしまったのです。そして長い間、悩みを1人で抱え込んでいたのでした。息子さんから相談を受けて事情を知り、私もひどく腹が立ちました。80歳にもなるお年寄りの女性を暴力的に脅すなど、絶対に許すことのできない行為です。

相談に来られた息子さんは「もうお金は問題ではない。とにかくこんな人と縁を切りたいので知恵を貸してください」ということでしたが、こんな輩を放置するのは、社会的にもよくないことです。弁護士と連携して、それなりの費用はかかりましたが、最終的に未払いの賃料を回収することができ、問題の不良入居者を退去させることもできました。

オーナーさんには事件の後、建替えをお勧めしました。一戸建てを1世帯に貸している状態では、滞納があった場合には収入がゼロになってしまいます。その意味ではリスクが大きいのです。オーナーさんの土地は50坪ほどの広さがあり、建替えで8室ほどのアパートを作ることが可能でした。オーナーさんはアドバイスに従って一戸建てからアパートへの建替えを行い、今度は自主管理ではなく集金代行から空室保証まで全てを管理会社に任せるサブリース契約の形をとることにしました。新しいアパートは、今ではオーナーさんの生活を支える大事な存在となっています。

家賃滞納事例2：半年で滞納を解消した豪腕女性オーナーさん

ある高齢のオーナーさんは10室ほどのアパートを所有し、自主管理していて、賃貸経営については自分の奥さんにも娘さんにも一切さわらせませんでした。ところがある日、このオーナーさんが病気で倒れて入院してしまい、既に結婚していた娘さんがオーナーさんに代わって賃貸物件の管理をすることになりました。

しかし実際に代わってみて分かったのは、お父さんの管理が非常にルーズで、10世帯のうちなんと8世帯までが家賃を滞納しているという事実でした。滞納期間も平均で2年に及び、一番長いものでなんと5年半にも及んでいました。もはや滞納がスタンダードになってしまっているというような、ひどい状況だったのです。

ところがこの娘さんは非常に勝気な人でした。「こんなずさんなことは許せない」と決意した彼女は、回収に全エネルギーを注ぎ込み、半年の間、毎日毎日この物件に通い詰めて、とうとう滞納額の全てを回収することに成功したのです。そのときは入居者達と散々に言い争い、いわゆる夜討ち朝駆けで、法律すれすれの追い込みをかけていたようです。午前中に督促に行って、気が収まらずに午後にまた督促に行くというふうでした。またそのときの口調も大変にきついもので、あまりにもひどい罵詈雑言を吐くので、ある入居者がいきりたって、この女性を突き飛ばしてしまったことがあったそうです。すると彼女はすぐさまパトカーを呼んで、「暴行された」と訴え、入居者は警察に連行されかけたのです。

督促以外にも入居者に対して何件かの少額訴訟を起こし、部屋ばかりでなく、契約者である父親と同居している息子さんの会社にまで乗り込んだりもしたそうです。そうやって、お父さんが何年間も放置していた滞納を半年がかりで回収することに成功したのです。

不動産管理会社を使わずご自身で管理業務を行う「自主管理」の場合、オーナーさんには相当な能力が必要です。しかし、管理会社などの事業パートナーと付き合っていくためにも、社交的で人付き合いが上手であることが求められます。仕事を差配する力も必要で、それがあれば複数の不動産屋さんをまたに掛けて競わせることもできますし、リフォーム会社も上手に使って、気持ちよく働かせることができます。さらに家賃滞納が出た場合にどう対処するかといった、判断力や気力も必要になってきます。

このケースのオーナーさんが半年で回収に成功できたのも、よほど気丈な人だったからこそでしょう。ただ全精力を家賃回収に費やしたおかげで、家庭は放り出すことになってしまい、家庭内でもいさかいが起きていたようです。お父さんがルーズな管理をしたために自分がこんな思いをすることになったのだと思いつめたこの女性は、病気で入院しているお父さんをお見舞いしたときに、思わず「このまま死んで」と言い放ってしまったのだそうです。ご本人が笑いながら「父に『死ね』って言っちゃいました」と話しておられました。激しい督促を続けていると、ご本人も精神的に強いストレスを受けることになります。その意味では、自力で回収はできたけれども、それによってご本人が幸せになれたかどうかは微妙なところです。

いずれにしても家賃の滞納は、放置するとこのように大変なことになるのです。面倒だからといって、目をそむけてはいけない問題です。

4 法律の借り手保護の流れを知る

オーナーさんにとってのもう一つの悪材料は、法律面における消費者保護の流れです。高齢のオーナーさんより、年代層の若い入居者の方がインターネット等で情報が豊富であると思いますが、裁判所の法廷でも世の中でも、どうしてもオーナー＝持てる者＝強者、入居者＝持たざる者＝弱者、という構図があります。そのため、法律は持たざる者を保護する役割を社会的に担っているので、さまざまな場面で、借り手を保護する流れが強くなっています。

(1) 更新料裁判について

ことの発端は、２００９（平成21）年7月に京都地裁で更新料無効判決が出されたことです。消費者契約法第10条に違反するとして、入居者が支払済みの更新料の返還をオーナーさんに命じた衝撃的なものです。その後も京都地裁で3件、控訴された大阪高裁で3

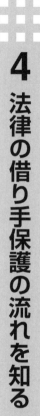

件の更新料無効判決が出され、その一部が最高裁で争われましたが、２０１１（平成23）年７月に、最高裁判所で更新料は有効であるとの判決が出されました。もし、更新料が無効と判断されれば、消費者契約法が施行された２００１（平成13）年４月１日以降の更新料について全額返還を迫られかねない大問題でした。この最高裁判決は、①更新料は、賃料補充・前払い・契約継続の対価等の複合的性質を持っている、②更新料は広く知られており、オーナーさんと入居者さんとの間に情報格差はない、③更新料が賃料からみて高額過ぎるなどの特段の事情がない限り、消費者契約法第10条には当たらない、というのが要点です。

今回の判決で、書面で約束した更新料は消費者契約法に左右されないとの決着はつきましたが、もし負けていれば、礼金、共益費・管理費などについても、情報開示、根拠説明などが問われかねませんでした。

更新料については、高額過ぎるなどの特段の事情がない限り、消費者契約法第10条に当たらないとされましたが、消費者保護の流れの中で、今まで以上に丁寧な説明、合意形成については気を付けなければいけません。礼金、共益費・管理費などについても、根拠説明を明確にしないといけないし、入居者に不安・疑念を与えない、透明な賃貸マーケットを形成していくことが、オーナーさん及び賃貸業界にとって大事なことだと思います。私達は、常に不動産を貸す余裕のある資産家という見方をされていますので、より慎重な対応が望まれています。

(2) ますます入居者寄りになる原状回復工事のルール

入居者が退去する際の原状回復工事費用に使われることの多い敷金についても、トラブルが非常に増えています。あるオーナーさんは、入居者が退去することになって部屋の引渡しを受けた際、部屋の傷みが予想以上にひどかったので、「後日、リフォーム業者と相談してから修繕費用を伝えます」として、金額について詳しい説明はしないまま引渡しを受けました。

その後、リフォーム会社に見積りを頼んだところ、壁紙の張替え等で20万円かかるということが分かりました。オーナーさんは妥当な内容と料金だと判断して、入居者に相談せずに発注しました。たまたまその20万円という金額は、入居者から預かっていた敷金と同額だったため、オーナーさんはちょうど相殺できると判断し、元入居者への連絡をうっかり忘れて放置していました。

2か月後「○○借家人組合」という団体から「敷金を全額返還せよ」という通知が届きました。驚いたオーナーさんは見積書を送り、相殺した旨を伝えました。ところがしばらくすると元入居者から少額訴訟を起こされ、簡易裁判所に呼び出されたのです。そして全額返還せよとの判決が出て、20万円全額を返却することになりました。傷みはすべて自然損耗の範囲内であり、オーナーさんが自己の負担で原状回復すべきもの、とされてしまったのです。

実はこの手の少額訴訟は今、全国各地で頻繁に起こっており、殆どの場合はオーナーさん側が負けてしまっているという状況です。最近こそ認識されているオーナーさんも増えましたが、賃借人の原状回復義務というのは、入居時の状態に完全に戻すということではありません。

入居者が普通の住み方、使い方をしていても発生してしまう汚れや毀損の修繕費は、入居者側が支払う義務はないのです。それについてはオーナーさんが入居者から預かっていた敷金を使って補修することは認められていないのです。通常の住み方といっても、人それぞれの認識が異なります。揚げ物が好きな人が毎日料理をしてキッチンの壁がベタついてしまった、あるいは喫煙者が毎日タバコを吸っていて壁にヤニが付着してしまったといった場合は、オーナーさんからみたら普通でない使い方と感じても、その入居者にとっては当たり前と感じているかもしれません。

これらについての具体的な判断の基準は、東京都が公表している「賃貸住宅トラブル防止ガイドライン」で分かりやすく示されているので、参考にしてみてください。

訴訟を起こす際、入居者はこのような敷金返還問題についてインターネットなどでさまざまな情報を集めていますが、オーナーさんは勉強不足の場合が多く、間違った対処をしてしまうケースが目立ちます。

先のケースでは室内の傷みが激しかったため、本来は入居者負担となるべき部分もあったはずです。入居者が故意あるいは過失で部屋の一部や設備を壊したり、通常の使用方法に反する使い方をしていたために部屋が傷んだりした場合の修繕費などは、入居者が支払わねばならないのです。多分、その時にきちんと話し合って進めていれば、お互いに納得できる落とし所を見つけられたでしょう。そうしていればおそらく、半額程度の返還で済んだのではないかと私は思っています。

いずれにしても大きな流れとしては、景気の低迷や人口の減少により、賃貸住宅全体に空室が増え、借り手の意識は「部屋を貸して貰っている」から「部屋を借りてあげている」という認識に変わってきています。また裁判においても「オーナーは事業者、入居者は消費者」という捉え方が定着し、「良好な住環境を整えるのに必要な費用は、事業者であるオーナーが負担すべき経費である」と判断されてしまう時代になっているということです。

いざというときに慌てないよう、日頃からオーナーさん自ら法律の勉強をして情報を身につけておき、また何かあったときに相談できる良いブレーンを持つことが大切です。ブレーンとしては弁護士さん、訴訟経験豊富な管理会社、法律問題に強いコンサルティング会社、オーナーさんからの相談を受け付けている業界団体などがあります。業界団体は関連する法律についての勉強会も行っていますから、そうした場に出席して自分も勉強し、相談相手を探しておくことをお勧めします。

(3) 追い打ちをかける民法改正

賃貸業界もグローバル化が進み、最近合意したTPP（環太平洋パートナーシップ）協定交渉からも大きな影響を受けることになります。諸外国から、日本の民法に対する改正の圧力が強くなっていました。このような背景を受けて、民法改正作業が進められています。

（資料2－4）貸主・借主の負担区分の一覧表

参考		貸主・借主の負担区分の一覧表（一般的例示）		
部位	項目	説　明	負担区分	理　由
床	畳	畳の裏返し、表替え（特に破損等していないが、次の入居者確保のために行うもの）	貸主	入居者入れ替わりによる物件の維持管理上の問題であり、貸主の負担とすることが妥当と考えられる。
床	畳	畳の変色（日照・建物構造欠陥による雨漏りなどで発生したもの）	貸主	日照は通常の生活で避けられないものであり、また、構造上の欠陥は、借主には責任はないと考えられる。（借主が通知義務を怠った場合を除く）
床	フローリング	フローリングのワックスがけ	貸主	ワックスがけは通常の生活において必ず行うとまでは言い切れず、物件の維持管理の意味合いが強いことから、貸主負担とすることが妥当と考えられる。
床	フローリング	フローリングの色落ち（日照・建物構造欠陥による雨漏りなどで発生したもの）	貸主	日照は通常の生活で避けられないものであり、また、構造上の欠陥は、借主には責任はないと考えられる。（借主が通知義務を怠った場合を除く）
床	フローリング	フローリングの色落ち（借主の不注意で雨が吹き込んだことなどによるもの）	借主	借主の善管注意義務違反に該当する場合が多いと考えられる。
床	フローリング	キャスター付きのイス等によるフローリングのキズ、へこみ	借主	キャスターの転がりによるキズ等の発生は通常予測されることで、借主としてはその使用にあたって十分な注意を払う必要があり、発生させた場合は借主の善管注意義務違反に該当する場合が多いと考えられる。
床	カーペット、その他	家具の設置による床、カーペットのへこみ、設置跡	貸主	家具保有数が多いという我が国の実状に鑑み、その設置は必然的なものであり、設置したことだけによるへこみ、跡は通常の使用による損耗ととらえるのが妥当と考えられる。
床	カーペット、その他	カーペットに飲み物等をこぼしたことによるシミ、カビ	借主	飲み物等をこぼすこと自体は通常の生活の範囲と考えられるが、その後の手入れ不足等で生じたシミ・カビの除去は、借主の負担により実施するのが妥当と考えられる。
床	カーペット、その他	冷蔵庫下のサビ跡（畳・フローリングも同様）	借主	冷蔵庫に発生したサビが床に付着しても、拭き掃除で除去できる程度であれば、通常の生活の範囲と考えられるが、そのサビを放置し、床に汚損等の損害を与えることは、借主の善管注意義務違反に該当する場合が多いと考えられる。
床		引越作業で生じたひっかきキズ（畳・フローリングも同様）	借主	借り主の善管注意義務違反または過失に該当する場合が多いと考えられる。

【出典】東京都：「賃貸住宅トラブル防止ガイドライン（改訂版）」

（資料２－５）賃貸経営お役立ち公的団体相談窓口

公的団体名			電話番号
公益社団法人東京共同住宅協会			03-3400-8620
公益社団法人全国賃貸住宅経営者協会連合会首都中央支部			03-6402-5366
特定非営利活動法人（NPO法人）賃貸経営110番			03-5468-8788
公益3団体連合「空室救助隊」			0120-714-942
公益社団法人全国賃貸住宅経営者協会連合会（主な地域の支部）			
地　域	電話番号	地　域	電話番号
北海道	011-633-8505	福　岡	092-761-3800
埼　玉	048-652-8585	北九州	093-952-2000
千　葉	043-235-5055	熊　本	096-322-5581
本部（東京）	03-3510-0088	沖　縄	098-937-5035
大　阪	06-6764-0131		

1896（明治29）年に制定された民法について の改正案が、2015（平成27）年3月、閣議決定し国会に提出されました。制定後の120年の間に生活や経済環境は大きく変化しましたが、民法は部分的に改正されただけで、債権関係の規定は改正されてきませんでした。今回の民法改正は幅広い内容となっていますが、賃貸経営に関する部分をご紹介します。

①連帯保証の極度額設定

連帯保証人が個人の場合には、民法改正案の規制に服することになり、連帯保証の上限である「極度額」を「書面」で定めなければ、連帯保証契約は効力を生じないことになります。今回の民法改正によって、不動産賃貸業界が最も影響を受ける分野だと言われています。

（資料２－６）弁護士会相談窓口

弁護士会	電話番号	弁護士会	電話番号
札幌弁護士会	011-281-2428	岐阜県弁護士会	058-265-0020
函館弁護士会	0138-41-0232	静岡県弁護士会	054-252-0008
旭川弁護士会	0166-51-9527	愛知県弁護士会	052-203-1651
青森県弁護士会	017-777-7285	三重弁護士会	059-228-2232
岩手弁護士会	019-651-5095	滋賀弁護士会	077-522-2013
仙台弁護士会	022-223-1001	京都弁護士会	075-231-2378
秋田弁護士会	018-862-3770	大阪弁護士会	06-6364-0251
山形県弁護士会	023-622-2234	兵庫県弁護士会	078-341-7061
福島県弁護士会	024-534-2334	奈良弁護士会	0742-22-2035
茨城県弁護士会	029-221-3501	和歌山弁護士会	073-422-4580
栃木県弁護士会	028-689-9000	鳥取県弁護士会	0857-22-3912
群馬弁護士会	027-233-4804	島根県弁護士会	0852-21-3225
埼玉弁護士会	048-863-5255	岡山弁護士会	086-223-4401
埼玉弁護士会越谷支部	048-962-1188	広島弁護士会	082-228-0230
千葉県弁護士会	043-227-8431	山口県弁護士会	083-922-0087
千葉県弁護士会松戸支部	047-366-6611	徳島弁護士会	088-652-5768
東京弁護士会	03-3581-2201	香川県弁護士会	087-822-3693
第一東京弁護士会	03-3595-8585	愛媛弁護士会	089-941-6279
第二東京弁護士会	03-3581-2255	高知弁護士会	088-872-0324
東京三弁護士会多摩支部	042-548-3800	福岡県弁護士会	092-741-6416
神奈川県弁護士会	045-211-7707	佐賀県弁護士会	0952-24-3411
新潟県弁護士会	025-222-5533	長崎県弁護士会	095-824-3903
富山県弁護士会	076-421-4811	熊本県弁護士会	096-325-0913
金沢弁護士会	076-221-0242	大分県弁護士会	097-536-1458
福井弁護士会	0776-23-5255	宮崎県弁護士会	0985-22-2466
山梨県弁護士会	055-235-7202	鹿児島県弁護士会	099-226-3765
長野県弁護士会	026-232-2104	沖縄弁護士会	098-865-3737

貸主としては、極度額を定めた連帯保証契約書を整備する必要があります。その際、極度額をいくらにするかという決定を行わなければなりません。万一、賃料滞納が生じた場合、何か月滞納の時点で、どのような対応をするのか、その結果、明渡完了までに滞納額はどのくらいに膨れ上がるリスクがあるのか、原状回復工事費用をどの程度を見込まなければならないのか等について、よく検討して極度額を決定すべきです。

②敷金は原則返還

今まで規定がなかった敷金について、「賃料債務その他の賃貸借に基づいて生ずる賃借人の賃貸人に対する金銭の給付を目的とする債務を担保する目的で、賃借人が賃貸人に交付する金銭」と定義付けた上で、「賃貸借が終了し、かつ、賃貸物の返還を受けたとき」は、「賃借人に対し、その受け取った敷金の額から賃貸借に基づいて生じた賃借人の賃貸人に対する金銭の給付を目的とする債務の額を控除した残額を返還しなければならない」として、敷金の返還義務を規定しています。

また、「賃借人は、賃借物を受け取った後に生じた損傷（通常の使用及び収益によって生じた賃借物の損耗並びに賃借物の経年変化を除く）がある場合において、賃貸借が終了したときは、その損傷を原状に回復する義務を負う。ただし、その損傷が賃借人の責めに帰することができない事由によるものであるときは、この限りでない」として、原状回復義務について、「通常の使用及び収益によって生じた賃借物の損耗並びに賃借物の経年変化を除く」と学説・判例で示されていた内容を明確に規定することとなりました。

この改正により、入居者が退去する際の原状回復工事費用負担及び敷金返還についての基本的考え方が明文化されますので、トラブルは少なくなると思われます。オーナーさんは、この改正案を事前によく学習していただきたいと思います。

（4）根底にある借地借家法

消費者契約法にしても、原状回復工事の費用負担にしても、民法改正にしても、賃貸借契約についての考え方の根底にあるのが、借地借家法です。

借地借家法は、ネーミングからも分かるように、借主側の立場に立った法律です。例えば、老朽化したアパートを建て替えようと考えているオーナーさんが古い契約書を持ち出してきて、「建物が老朽化して建て直しが必要な際は、入居者はすみやかに退去し、立退料は要求しない」といった文言を指し、「これがあるから退去・立退きは大丈夫だ」と考える人もいます。

ところが契約書にそのような文言が入っていても、借地借家法には「規定に反して借主側に不利な特約は無効とする」と明記されており、裁判所に不当な条文と判断されれば、無効とされてしまうのです。

法律は、名前のとおり借地借家法であって、貸地貸家法ではありません。以前の不動産賃貸借契約では、一般に立場の弱い借主に不利になりがちであったため、借主と貸主の力関係のバランスをとるために規定されたのが借地借家法だったのです。

判決を積み重ねるたびに入居者保護の強い判決が出て、その流れとして貸すことに対するリスクを内蔵するようになっているのです。また、ここ数年の動きとしては消費者保護という、入居者イコール消費者という流れも出てきているので、例えばオーナーさんの立場で消費生活センターに電話をしても、事業者側の相談として受け付けしてくれません。このようにオーナーさんにとっては、借地借家法、消費者保護法でも厳しい状況となっているのです。

それと合わせて、世代間ギャップにも目を向けないといけません。オーナーさんよりも、入居者である消費者すなわち年代層の若い人達は、インターネット等で情報が豊富なのです。その面でも、情報弱者として高齢化が進むオーナーさんにとっては、さらに情報収集力が問われることになっています。世の中の流れと情報に対して、入居者ニーズも含めてオーナーさんはアンテナを張っていなければいけない時代になっています。

オーナーさんへの愛のワンポイント No.1

ほっと一息

正論より
和解で得したAさん

10年ほど前、年配のAさんという男性が、公益社団法人東京共同住宅協会に相談にいらっしゃいました。Aさんは、埼玉のとある駅のすぐ近くに、店舗兼アパートの老朽物件を所有されていましたが、2階のテナントが退去した際に、保証金の返還についてのトラブルが発生してしまったとのことでした。争いは半年もの間続いており、一度、仲裁に入った仲介会社から和解案が出されたこともあったようですが、Aさんは「自分には一切落ち度がないはずだ」と、その案を一蹴したそうです。

Aさんは、もうすぐ90歳とのことですが元気そのもので、賃貸経営に必要な法律を大変熱心に勉強されていました。深い法律知識と一切の妥協を許さない頑強な精神には頭が下がりましたが、奥様や息子様はAさんに振り回されているご様子でした。

Aさん自身も、このような争いにはご家族を巻き込みたくないお考えでしたが、ついついご家庭内でも論争に火が付き喧嘩になることもあったようです。ご家族にとっても、ご本人にとっても、テナントとの争いを続けるのは好ましくないと感じた私は、Aさんに、テナントと和解した上で、不動産経営を息子様に引き継ぐことをお勧めしました。

　しかし、テナントとの問題を解決したとしても、ひどく老朽化した現状の建物では、更なるトラブルが続出し次世代が大変な苦労をされるのは明らかです。そこで、老朽化した建物も新たに建て替え、収益の上がる立派なビルとして次世代に引き継ぐよう提案させていただきました。建替えは、家主さんにとって大変な労力がかかるものですが、Ａさんのエネルギーをもってすれば問題ないはずです。それこそが、Ａさんにとって本当に有意義な力の使い方であるはずですとお伝えしました。Ａさんは、ハッとした表情で、「暫く考えてみます」と言い残し、お帰りになりました。

　それから１週間後、Ａさんより一本の電話が入りました。「テナントとは和解することに決めました。建替えについての相談をしたいので、今度は息子と一緒にそちらに行きます」と。その結果、老朽化の進んだ建物は、６階建ての素敵な商業施設に生まれ変わることとなりました。

　相変わらずご壮健なＡさんは、今でも時々当協会にも立ち寄られます。悩みの種であった建物が地域の方々に喜んでいただける存在になったことで、ご本人も大変満足されているようです。

第3章

築10年を過ぎても、まだまだ行ける賃貸経営とリスク管理

1 それでも賃貸経営が魅力的な理由とは

市場の縮小や税制、法律の逆風といった話を聞くと、オーナーさんは「怖ろしくて、もう賃貸経営などやっていられない」と賃貸経営から退場したくなるかもしれません。しかし、その一方で財産の運用手段や老後対策として、賃貸経営が相変わらず注目されていることも事実です。いったいなぜなのか？

次頁に「賃貸経営の魅力」をいくつか挙げてみましたので、ご参照ください。

次頁記載のように、賃貸経営には多くの魅力がありますが、注目される大きな理由は、それが一種の私的年金として、年金問題や長生きリスクに対処するための数少ない手段であるからです。老後で一番恐ろしいのは、予想より長生きして現金を使い尽くしてしまうことです。

まず、「ゆとりある老後生活費」はいったいどれくらいの金額が必要なのか、また実際の所得はいくらなのか検証してみましょう。

（資料３－１）「賃貸経営の魅力」

☆安定収入確保の安心感（将来の備え・次世代への安心継承）
不動産収入は老後の備え、私的年金代わりという精神的安定につながります。将来の収入に対する不安や金銭的なストレスからも解放されます。万一、長期の入院でもアパートが収入を確保してくれます。
☆ある意味、不労所得です
管理会社に任せて自分は判断を下すだけですので、サラリーマンでも主婦でも、ご年配の方でも参入しやすい事業です。飲食店などの他の商売と違い、手間がかかりません。副業的にも可能であり、長期の旅行もしっかりした管理会社に任せれば心配ありません。
☆融資が受けやすい事業です
アパート経営は安定経営の実現しやすい事業として金融機関からの融資が受けられやすい。もちろん、株などの投機的意味合いが強い類は銀行からの融資は受けられません。
☆土地さえあれば、参入がさらにしやすい事業です
土地をお持ちということは、既にその評価分の頭金があることと一緒です。土地建物を合わせて取得する投資家よりも格段に有利な展開を図れます。
☆家賃収入でローン返済
アパート経営は、入居者からの家賃収入でローンを返済するというかなりシンプルな事業。自己資金が多ければ多いほど、経営も安定する。また、支出（経費）の見込み計算もしやすく、分かりやすい事業です。
☆生命保険代わりにもなります
一家の大黒柱を失ってもアパートは家族のために働いてくれます。ある意味で、生命保険的な役回りもします。建物をしっかり管理しておけば、収益物件として資産価値を保ち売却によってまとまった収入も確保できます。
☆知恵と工夫、努力次第で収益アップが可能です
アパート経営はオーナーの手腕と優良な管理会社のサポートで経営状態を改善することができます。空室には必ず原因があり、管理状況やリフォームなどの対策をとれば常時満室も可能です。他の投資と比べても、柔軟で融通の利く投資といえます。
☆世界情勢に左右されにくい安定経営です
震災やサブプライムローン、ギリシャショック、円安でも住宅系の家賃は殆ど影響がありませんでした。金融機関が、アパートローンに対して金利優遇できるゆえんです。
☆節税効果があります
賃貸住宅経営は、固定資産税・相続税（貸家建付地の評価減や債務控除など）節税になります。また、減価償却や経費計上を上手に組み合わせすることにより所得税対策も十分可能です。
☆インフレ対策になります
物価が上昇し、貨幣の価値が下がってしまうインフレが起こった場合、貯金しているお金の価値は下がりますが、不動産や家賃は上がる傾向があります。

（資料３－２）最低日常生活費とゆとりある老後生活費

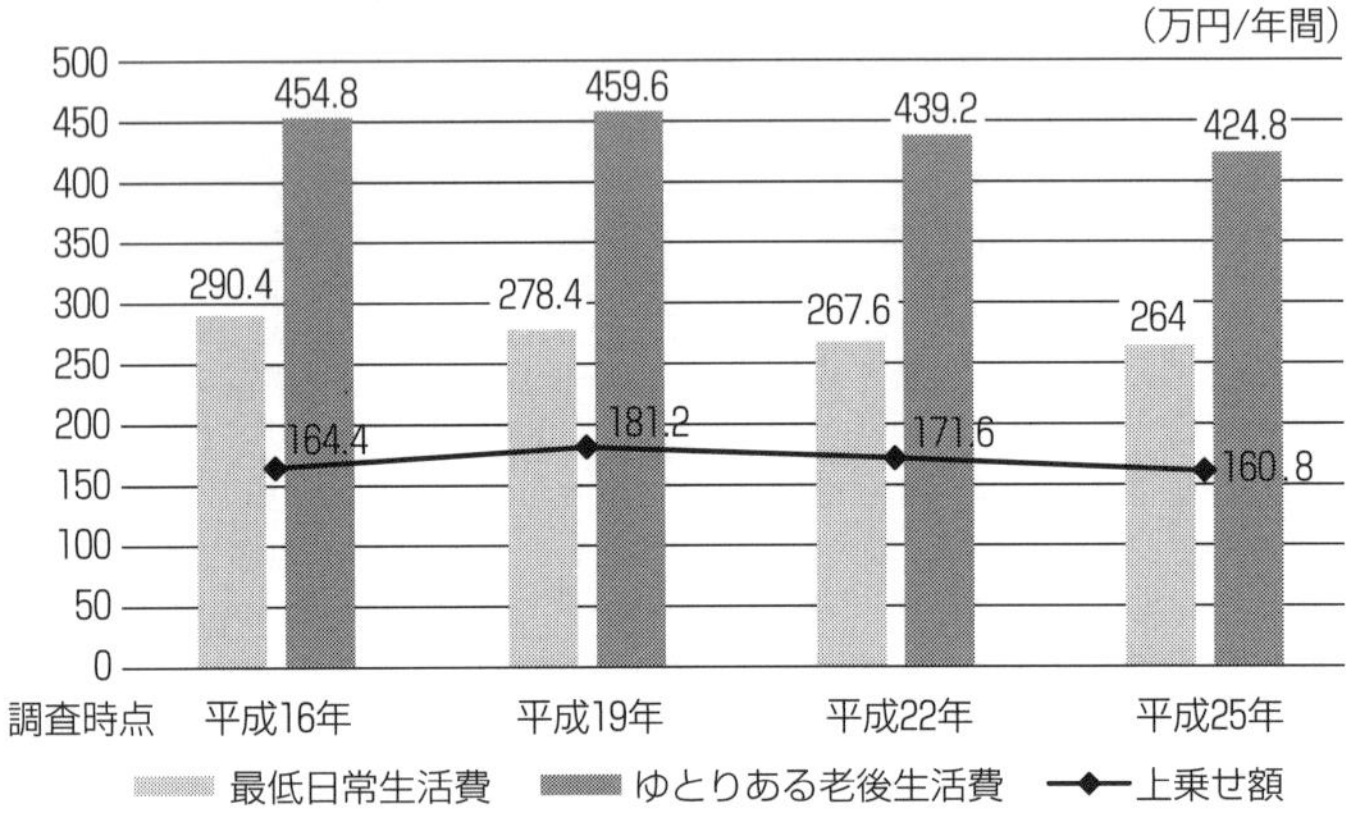

【出典】公益財団法人 生命保険文化センター：「生活保障に関する調査」

上のグラフで、左側の棒グラフは夫婦２人で老後生活を送る上で必要と考えられる最低日常生活費を表しており、２０１３（平成25）年では、月平均22・0万円、年間２６４・０万円となっています。それに対し、もっと豊かな老後、例えば友人・知人と旅行に行ったり、孫にお小遣いをあげたり、必要に応じて家をリフォームしたりといった暮らしをしたいと思えば、右側の棒グラフのゆとりある老後生活費が必要となり、月平均35・４万円、年間４２４・８万円となっています。

つまり、平均的なサラリーマンの人達がもし定年後に豊かな老後を送りたいと願えば、月に13・４万円、年間で１６０・８万円も不足してしまう計算です。年金支給開始から20

年生きたとして、合計で３２００万円も不足することになります。これでは少々の貯金があっても、とても足りません。

厚生労働省が発表しているモデル年金額を見ると、月額22万１５０７円、年間２６５万８０８４円となり、まさに最低生活費そのものの数値となります。このモデル年金額は、夫のサラリーマン時代の平均的収入（賞与を含む月額換算）が42・８万円で40年間働き、妻が専業主婦のケースをモデル世帯に、２０１５（平成27）年度に受け取る老齢厚生年金（老齢基礎年金を含む）を表しています。もちろん、この金額より少ない方々も大勢いらっしゃいます。

以上のように、厚生労働省のモデル年金額では、とてもゆとりのある老後生活を送ることができないことを意味しています。あくまで、「これだけあればなんとか生活できる」という最低水準の金額です。この差額を埋めるだけの対処方法を考えていかないと、どんどん高齢化していく長い老後時代を送ることはできません。

2 現金V.S.築10年過ぎの建物　ゆとりの生活設計はどっち？

今の日本で、もし1億円の金融資産を持ちそれを定期預金や国債で運用したとしても、期待できる利率はせいぜい0・5％程度が限界です。ということは、たとえ1億円持っていても、年間の利息収入は50万円にもならないのです。この長く続いている低金利状態も、賃貸経営が注目される理由の一つといえます。なぜなら、定期預金金利が0・5％以下という現在、賃貸経営の利回りははるかに高いからです。

（A）堅実とされる国債や定期預金の金融資産を利用して、複利0・5％で運用した場合、（B）不動産について、7・0％の利回りで賃貸経営を始め、賃料が毎年1・0％下落していった場合、2つのケースについて、10年後の収益累計の違いを見たのが、次の表です。金融資産が511万円に対して、賃貸経営は賃料下落を見込んでいても6693万円になります。

一般に不動産から得られる利益としては、キャピタルゲイン（値上がり益）とインカム

（資料3－3）定期預金v.s.賃貸経営　10年後の利益累計額

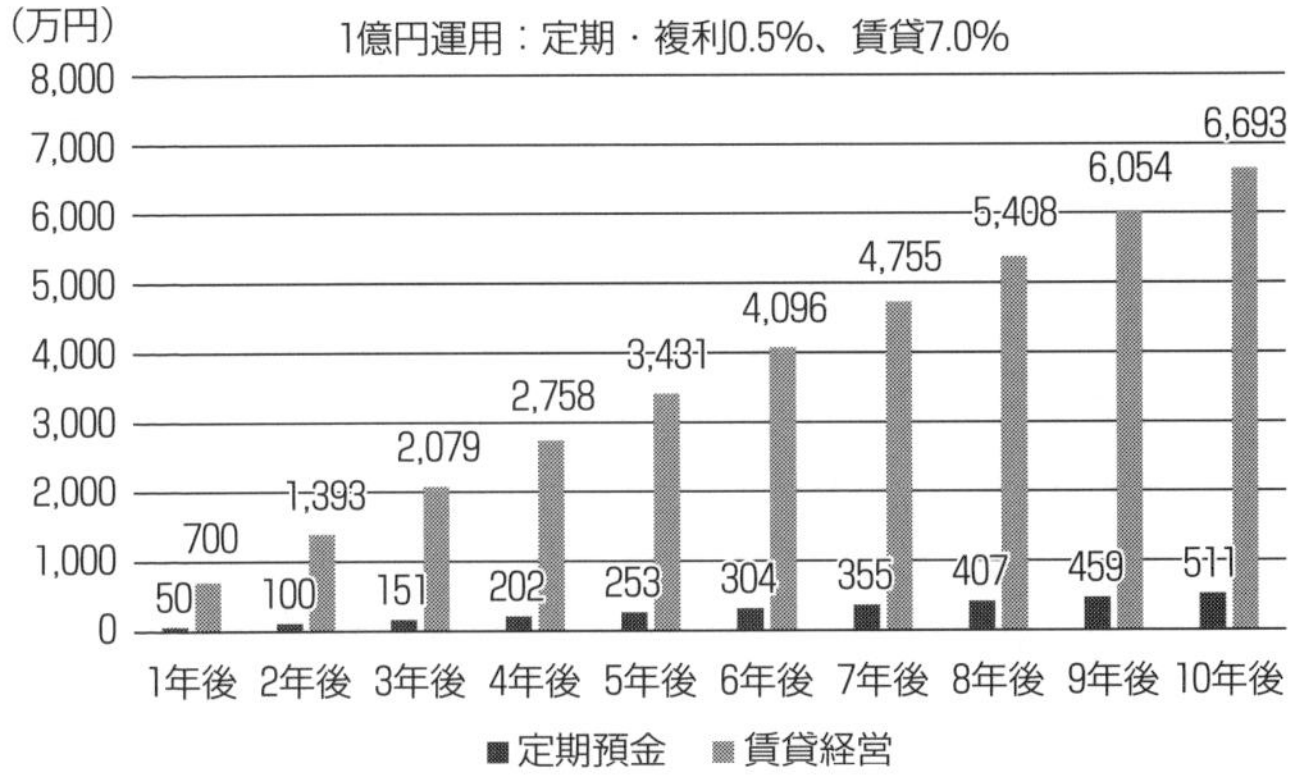

ゲイン（地代や家賃収入）があります。バブル期までの土地神話が生きていた時代には、地価は物価の上昇率以上に上がっていたので、所有しているだけでキャピタルゲインが見込めましたが、デフレの時代となった今はどうなるか分かりません。その意味で今は、不動産はただ持っているだけではだめで、活用することによって初めて保有するメリットが出てくる時代といえます。

土地付きの賃貸物件を中古で買ったとしても、投資に対する利回りは粗利で年間6～8％が見込めます。土地を持っているオーナーさんがアパート経営を始める場合も、10％前後の収入を見込むことができるのです。

ただし、賃貸経営にはコストがかかります。借入れコスト（返済コスト）、管理コスト、保有コスト（税金）などを合わせると、総事業費に対して年間で4〜5％にはなってしまいます。これらを差し引いても十分な収益が残るよう、投資額に対して粗利段階では8％を確保しなくてはなりません。それが余裕ある賃貸経営につながります。

これだけの利回りが見込めれば、銀行から融資を受けて賃貸経営を行っても十分成り立ちます。実際に銀行の側も賃貸経営に対しては優良貸出先とみなして、積極的に貸出しを行っています。それは家賃が下落しているといっても、株式などに比べれば賃料の推移ははるかに安定していて、手堅い商売とみなされているからです。現金であれば盗難や紛失、火事、また預金であればペイオフや振込め詐欺など、資金の運用にはどれもそれなりのリスクがあります。

不動産も、詐欺や値下がりなどのリスクがない訳ではありませんが、利回りが10％近くあることを考えれば、0・5以下％しか利回りのない預金に比べてリスクが特に高いわけではありません。このため老後対策としての資産形成の方法として、アパート経営やマンション経営が注目されているのです。

3 賃貸経営を後押しする税制を活用する

日本では更地で土地を持っていると、多額の保有税がかかります。その典型が固定資産税と都市計画税で、一般には課税標準額に対して固定資産税が1・4%、都市計画税が0・3%かかってきます。

ところがアパートや賃貸マンションを建設し住宅用地として利用すると、固定資産税については更地のときと比べて、200㎡までの部分は6分の1に、200㎡を超える部分に関しても3分の1に軽減されます。都市計画税も同様に3分の1に軽減されます。また建物部分についても特例があり、新たに建てたアパートや賃貸マンションの建物は3年間にわたり固定資産税と都市計画税が2分の1に軽減され、3階以上の中高層耐火建築物の場合は5年間軽減されます。

また相続の際には、貸家建付地評価額は、自分で使用している自用地に比べておおむね2割程度の評価減となります。建物は固定資産税評価額を基準にして相続税が課税されますが、その評価額は実際の建築費の5割程度となっていて、しかも賃貸物件の場合は自家用に比べて3割の評価減となるので、賃貸住宅を建築することで、相続税のかかってくる資産を大きく圧縮することが可能です。

こうした制度はどれも土地所有者が土地活用することを後押しする形になっていて、いわば「どうぞあなたの土地を賃貸に出してください」という税制といえます。

なぜ、このように賃貸経営を優遇しているのでしょうか。それは賃貸物件が建設されることによって、建設や管理、リフォームなどさまざまな経済活動が新たに発生し、それが課税の対象となるからです。賃貸経営を少々優遇したとしても、賃貸が増えた方がトータルの税収が増え、国や地方自治体にとってメリットが大きいという判断があって、土地活用を促すような税制がとられているのです。さまざまな税制上の特典をどう賢く利用するかは、不動産に強い税理士、不動産関連のコンサルタントやファイナンシャル・プランナーが研究しており、彼らの腕の見せどころとなっています。

第4章

築10年過ぎの賃貸経営を成功させる鍵とは

1 不動産業界を取り巻く環境が変わったことを認めよう

築年数が10年を超えた建物は、人間でいえば青年期を超えた時期にあたります。かつての輝くような若々しさを失い始めたとき、どうやって魅力を保ち、つつがなく生活の糧を得ていくのか。そのために欠かせないのが、空室対策と建物の維持管理です。実際にはこの二つは密接に結びついていますが、本書の前半では特に空室対策を中心に考えていきます。

空室対策の最初に来るのはマーケティングです。事業の経営においては、時代の流れを読み、市場が今後どう変化していくかを見極めることが大切です。賃貸経営でもそれは同じです。賃貸市場が今どんな状況にあり、これからどう変化していくのか。まずは大きな流れについて見てみましょう。

ご承知のように戦後の日本では、不動産価格は１９８６（昭和61）年に始まるバブル期まで右肩上がりに上昇を続け、それに伴って家賃も上がり続けました。「地価は下がらない」という土地神話がこのころ確固たるものになりました。ところが１９９１（平成３）年にバブルが弾けると、地価は一転して下落に転じ、10年以上もの期間それが続きました。

その流れが一時的に逆転したのが、２００６（平成18）〜２００８（平成20）年ころのことです。世界的な好景気と地価上昇の流れを受けて、Ｊリートや不動産ファンドなどが高収益不動産を積極的に買収したことで、「平成ミニバブル」と言われた地価と賃料の上昇が起きました。けれども、このミニバブルは短期間で終わりを告げ、それ以降は不動産取引においても賃貸においても市場は低迷し、多くの不動産関連企業は倒れ、オーナーさんにとっても冬の時代が続いています。

今のこの冬の時代の次に、果たしてどんな時代がやって来るのでしょうか。できればまた新たな春が訪れてほしいものですが、残念ながら世の中の流れを見る限り、望み薄と言わざるをえません。賃貸経営を取り巻く環境はますます悪化しつつあります。今の冬の時代よりもさらに厳しい「氷河期」の到来が目前に迫っているのです。

2 昔ながらの大家さん発想を捨てること

オーナーさんの悩みの第1位である、空室問題について考えてみましょう。

賃貸経営の基本は満室経営です。賃貸経営にはさまざまな要素がありますが、成功するかどうかは、とにもかくにも満室になるかどうかで決まってきます。いかにして空室の発生を防ぐか。これを空室対策とよびます。「賃貸経営の成功の鍵は空室対策にある」といっても過言ではありません。

空室対策には3つのポイントがあります。どれもお金のかかることではありません。

第1のポイントは、「賃貸経営はサービス業」という意識を持つことです。

第2のポイントは、「顧客ニーズ（入居者ニーズ）を捉え直す」ことです。

第3のポイントは、「センスが大事」ということです。

第1のポイント、「賃貸経営はサービス業である」という認識を持つことは、賃貸経営においては鉄則です。オーナーさんの心得として一番大事なのは、「大家業」に甘えず経営努力を怠らないことです。それが空室の原因をつくらないことにもつながります。賃貸は事業ですから、事業を経営していく心構えが必要です。これからますます厳しさを増す賃貸業界の中で生き残っていくためにも、オーナーさんは経営者としての視点を持たなくてはなりません。

管理会社やリフォーム会社を下請け扱いし、さらに入居者に対しても尊大な態度をとっているオーナーさんがいますが、そのような態度はサービス業ではありえないことです。そういうオーナーさんは「賃貸経営はサービス業」「入居者はお客様」という意識が完全に欠落しています。

アメリカから入ってきた言葉で、「テナント・リテンション（入居者の保持）」という概念があります。これはビジネスの世界で、顧客満足度を上げて顧客を維持しようとする「カスタマー・リテンション（顧客の保持）」という概念から派生した不動産用語です。賃貸経営の安定のためには、入居者に長く住んでいただくことがとても大事です。かつて、賃貸需要に対して物件の供給が不足気味であった時代には、「転出入の多い方が礼金や敷金を取ることができて、経営的に望ましい」と思われていましたが、最近では先に説明したように礼金や敷金もいただきにくい状況になっています。

賃貸物件の供給過剰により、郊外の不人気物件を中心に敷金0か月、礼金0か月の「ゼロゼロ物件」が増えている状況です。家賃も下落傾向にあり、新しい入居者から以前の入居者と同じ家賃をいただくこと自体が難しくなっています。こうしたこともあって現在では、優良な入居者になるべく長く住んで貰う方が、収益が上がるという状況に変わってきています。つまりテナント・リテンションに配慮し、入居者の満足度を上げて、きちんと賃料を入れていただける入居者に長く住んで貰うことが、賃貸経営の基本となってきたのです。

テナント・リテンションを高めるためには、入居者への日常の対応が大切になってきます。統計によれば、これまで住んでいた部屋を退去する原因の85%は就職したり転勤になったり、あるいは結婚して家族が増えたり、親御さんの介護のため同居することになったといった、やむを得ない理由によるものです。最近では会社の住居手当がなくなったとか、リストラに遭ったといった理由もあります。

残りの2割近くについては、現在の住環境や管理体制への不満が原因です。つまりオーナーさんの努力不足が原因で入居者が部屋を出ていってしまったのです。例えば真冬の寒い時期に、ある部屋の給湯器が故障したとします。入居者は寒い中で冷たい水しか使えず、お風呂にもシャワーにも入れません。また夏場で特に多いのは、エアコンの故障です。真夏にエアコンが故障してしまったら、入居者はうだるような暑さの中で夜も眠れない思いをすることになります。

このようなクレームが出たときには迅速な対応が何より大切です。どれくらい迅速に対処できたかが、入居者の満足度やその物件への評価に直結してきます。「賃貸経営はサービス業である」という意識を持ったオーナーさんであれば、即座に業者に連絡を入れて修理あるいは交換を手配するでしょう。すばやく対応して問題を解消できれば、入居者からは「ありがとうございました」という感謝の声が寄せられることさえあります。

ところがサービス業という意識の薄いオーナーさんは、そんなときでも面倒くさがって、管理会社任せにしがちです。そうなると入居者は管理会社の窓口をたらい回しにさせられ、何日間も水しか使えない状態に放置されてしまうことも起こりうるのです。そんな対応をされた入居者は、管理に強い不満を抱き、「こんなところに居続けるのはごめんだ」と思うことでしょう。この点、昔ながらの「大家業」感覚をいまだに強く持ち続けてしまっているオーナーさんは、頭を切り替えていく必要があります。

これからの賃貸経営には、サービス業からさらに一歩進化したホスピタリティ業という発想が必要となってきます。すなわち、入居者の喜びは私の喜びと考え、「入居者様に尽くす精神」を持つくらいまで、賃貸経営オーナーさんの意識の変革が求められているといっても過言ではありません。

第2のポイント「入居者ニーズ」については第6章、第3のポイント「センス」については第7章で詳しく説明します。

3 資産家をねらう増税路線に立ち向かう

オーナーさんにとっての逆風は人口の減少だけではありません。税制もオーナーさんに不利な方向に向かっています。そうなってしまう一つの理由は、日本政府がGDPの2倍にも達する莫大な借金を抱えていることです。不足する税収を補うため真っ先に標的とされるのは、不動産資産を持っている富裕層なのです。

まず固定資産税や都市計画税のように、不動産資産を持っているだけでかかってくる税金が増税される可能性があります。また、資産を次の世代に引き継ぐときのコストとなっている相続税も増税されました。この税制改正により、これまでは大地主や大資産家のみが悩んでいた相続税の課税範囲が広がり、これまで課税対象から外れていたプチ資産家層も税金の網にかかることになりました。

消費税についていえば、今後税率が上げられることは既に規定路線といっていいでしょう。問題はその際、これまでは課税対象から外されていた家賃に関しても、消費税がかかってくるおそれがあることです。もともと1989（平成元）年4月に日本で初めて消費税が導入された当時は、家賃にも消費税がかかっていたのです。それが途中から特例として消費税の対象から外されたのですが、税収増のためにこれを元に戻そうという動きがあります。実際に家賃に消費税がかけられた場合、現在の賃貸市場の情勢からみて、素直に家賃の値上げという形で入居者に転嫁できるかどうかは分かりません。借り手からみたときの家賃は税金によって一気に高くなるため、それがオーナーさんへの値下げ要求として跳ね返ってくる可能性も出てきます。

オーナーさんは賃貸事業の経営者として、起案される税制、施行される税制の双方に常にアンテナを張り、税制の変化とその影響に注意を怠らないよう心がける必要があります。同時に税制の変化について日頃から勤勉に勉強している税理士さんとお付き合いすることも大切です。

4 退去原因を知る努力が必要

入居者から寄せられるさまざまな意見や不満は、オーナーさん自身がしっかり認識しておかなければなりません。

退去の申出があった際は、その理由を必ず聞きましょう。管理を不動産会社に頼んでいる場合は不動産会社に退去理由を聞き出すよう依頼してください。できれば退去される方には全員にアンケートに答えてもらいましょう。アンケートの結果から、入居者の不満の原因や、満足度を上げてそれ以上退去者を出さないために何をすればよいかが見えてきま

（資料4－1）退去の理由　なぜお部屋が空いたのか？

• 他に良い条件の物件が見つかった（利便性・賃料・環境・設備）	• 親から子供への仕送り金額減少により、低賃料物件へ移転
• 家族形態が変わった（結婚・離婚・出産・親と同居・子供の独立）	• 周辺の売れ残り分譲マンションが、賃貸物件として供給されている
• 会社負担の住宅手当削減、または本人の収入減少により移転	• 周辺で新築分譲マンションの大量供給があり、賃貸脱出が増加
• 子供が増えた、子供が成長して手狭になった	• 周辺の新規賃貸マンションの供給過多
• 現状の管理体制に不満（建物・管理・管理会社への不満）	• 周辺で、ビル等から賃貸マンションへ用途変更（コンバージョン）増加
• 転勤、単身赴任、退職による勤務地の移転	• 気分を変えたかった、引越し好きのライフスタイル

す。そうしたことに協力をしてくれない不動産会社とは、付き合わない方が賢明です。

直接の退去の原因とはいえなくても、アンケートや聞き取りの中で「収納スペースが足りない」とか「お風呂がバランス釜なのが好きでない」といった不満が出てくることもよくあります。そういう声が出てくるということは、あるいは他の入居者の方も「次はもう少し収納の多い物件を探そう」とか「今度移るなら、きれいなバスルームがついた部屋がいい」と思いながら我慢しているのかもしれません。

アンケートに、もし「家賃が高かった」という不満が書かれていた場合、あるいは新しく移ろうと思っている部屋は、他の条件はほぼ同じで、今より月に5000円家賃が安いところかもしれません。

そうしたケースであれば、家賃を下げることで残ってくれる可能性もあります。

「犬を飼いたくなったので、ペット可のマンションに移る」という入居者がいた場合、「これを機に、思い切ってペット共生型マンションにしてしまおうか」といった大胆な発想の転換もときには必要です。これは入居条件の緩和ということになります。いま住んでいる入居者にいかに満足していただき、長く住んでいただくか。企業が顧客の満足度を上げようと努力するように、入居者の満足度を上げる努力を怠らないこと、それが空室対策の基本といえます。

5 賃貸経営の基本　スピードこそ命である

入居者の満足度を高めることとも関連しますが、入居希望者を逃さないためにも、先方からの要望にはすばやく対応する必要があります。そのためには携帯電話、ファックス、メールやインターネットが見られるパソコンは、オーナーさんの必需品といえるでしょう。

高齢のオーナーさんの中には、いまだに携帯電話も持っていない方が意外に多いのです。電話にしても、ファックス機能のない電話を使われている方がかなりいます。そうした状態だと不動産会社が連絡を取ろうとしたときも、すぐにオーナーさんをつかまえることができません。

例えば不動産会社が入居希望者を現地に案内して、「エアコンを新しく替えて貰えたら、入居申込書を書きます」と言われたとします。これは不動産会社の社員では判断できない問題なので、オーナーさんに決めてもらわなくてはなりません。けれどもそこで連絡がつかなければ、「持ち帰ってご報告します」という対応になってしまいます。即答しなければならない話を即答できないと、入居希望者が他の物件に流れてしまう原因になってしまいます。

「私は小さい機械が苦手で」「パソコンは嫌いだ」というオーナーさんもいますが、賃貸経営上必要なものなのですから、使いこなせるよう努力する必要があります。入居申込書をファックスで送ってもらい、オーナーさん自身の目で確認することも大切です。中には管理会社任せにして、自分では入居申込書を見もしないオーナーさんもいますが、ここは他人任せにしてはいけない部分です。

申込書の書き方一つでも、入居希望者の人柄がうかがえるものです。例えば空欄が多かったり、字が殴り書きだったりする申込書は、書いた人がルーズな性格である可能性が高いのです。そうした人は家賃の支払いも遅れがちで、手間のかかる入居者となる場合があります。反対に全ての欄を几帳面にびっしり埋めてある申込書は、書いた人が律儀で、部屋もきれいに使ってくれ、家賃もきちんと払ってくれる可能性が高いといえます。そうした判断ができるということのほかにも、入居申込書をきちんと管理していれば、入居者との間で何かトラブルが起こったときに参考にできます。

スピードの重要なことは、入居していただいた後も続きます。設備クレームに対して、素早い対応することにより結果として顧客満足度を上げ、定着率の高さにつながることがあります。テナント・リテンションという考え方で、打てば響く応対で、設備クレームに対しても対応力の早さが結果的に顧客満足度を上げ、定着率の高さにつながることもあります。入居者からのクレームに対して素早い応対が問われてきています。

オーナーさんへの愛のワンポイント No.2

ほっと一息

謙虚さが大切なことだと気付いたBさん

地元でも有数の資産家Bさんは、駅から近い便利な立地にアパートやマンションを8棟、150室の賃貸住宅をお持ちでしたが、そのうち25も空室があり、困り果てて相談にいらっしゃいました。管理は地元の管理会社に委託していましたが、その業者に問題があるために空室が埋まらないとお考えのようで、良い管理会社の紹介がご希望でした。

Bさんは、「奴らは俺にリフォームばかりさせようとする」「単純に賃料を下げさせて楽をしている」「仕事を出してやっている」などの発言が多く見受けられました。しばらくお話をうかがった後、私は「ご紹介できる管理会社はありません」とお伝えしました。思いがけない返答に、一瞬驚いて理由を尋ねられたので、私は「今の考え方を改めないと新しい会社ともうまくいかず、紹介した会社にご迷惑をかけしてしまいます」とお答えしました。

Bさんの建物は素晴らしい土地にあるにもかかわらず空室が埋まらないのはほかに理由があるからです。

私は、Bさんが不愉快な思いをされることを承知で、あえてその理由をはっきりと申し上げました。「Bさんは、不動産屋さんの営業や窓口の女性達から嫌われていませんか？　嫌いな家主さんでは仕事に心がこもることはなく、営業活動も後回しにされるだけですよ」。ハッとした顔のBさん、「…確かに俺は嫌われているなぁ、あぁ間違いなく嫌われているよ」と神妙につぶやきました。

そうです。お客様である入居者を案内してくれる大切なパートナーに対して横柄な態度で接し、ときには呼びつけて怒鳴りつけたりしていたBさんは、管理会社と何の信頼関係も築かれていなかったのです。空室の最大の原因がご自身にあることを自覚されたBさんに対し、私は今の管理会社に敬意を持って接し、「満室になるための知恵を貸してほしい」という気持ちで話し合ってみてくださいと申し上げました。

もともと経営者としての資質があるBさんは、その後見事な対応をされました。すぐに態度を改め、手土産を持って管理会社を訪問されたのです。管理会社も敏感にBさんの変化を察したのか、それから随分と一生懸命に動いてくれた様子で、3か月後には空室は5室まで改善したそうです。

オーナーさんは管理会社を選ぶ立場にありますが、実は反対に選ばれている部分もあるのです。満室経営を実現されているオーナーさんは、魔法の言葉を持っています。それは、「ありがとう」という簡単な言葉なのです。

第5章

賃貸経営立て直し策（1）
事業計画の見直し

1 当初の事業計画の見直しと修正計画

10年前、15年前に賃貸事業を始めようとして検討されたときの事業計画書を探し、現時点のオーナーさんの目で見直してみてください。

第1章で見たような賃料下落率は、あらかじめ織り込まれていましたか。さすがにバブル時と異なり、賃料上昇を見込んでいるような計画はないとは思いますが、10年目頃から賃料が下がり始めるとか、下落率は10年間で1～2％しか見込んでいないというような事業計画書が、賃貸経営相談の際、よく持ち込まれてくるのも事実です。

同じように、空室率を殆ど見込んでいないような事業計画も多く見られます。空室がなかったというケースでも、仮に4年で退去された場合、原状回復・リフォーム工事で1か月、募集期間で1か月、賃料発生まで1か月の合計3か月の賃料発生ロスが生じるのが普通です。この場合、本来48か月の賃料収入があるはずのものが3か月の入替え期間を計算すると、入居率93・75％、すなわち空室率6・25％になるのです。この数値に、本当の空室を加算したのが実際の空室率ですが、過去の事業計画書では、ここまでの空室率は見込まれていないのが現実です。

このほかにも、募集経費、管理手数料、日常および定期清掃費、植栽の維持費用などが正しく事業計画書に盛り込まれていますか？　長期修繕計画をお立てになり、毎月、修繕積立金を準備してきましたか？

次頁の表は、15年前に提示された事業計画書と実際の事業結果を比較したものです。賃料下落率・空室率を殆ど見込んでいない、原状回復工事・建物維持修繕・定期清掃などの費用および修繕積立金を低く見ていたため、15年間で数千万円の誤差が生じた事例です。このまま見直しをしていなければ、賃貸経営は危機に直面するところでした。

今までのように、原状回復工事費用、建物維持・修繕費用、清掃費用について、「これしか予算がない」というものの考え方から、今後は「これくらい予算をかけて見直しをする」という心構えが必要となってきます。併せて、入ってくる賃料収入についても、現実を受け止めてそれに見合った生活設計の組立て直しを覚悟する必要があります。その覚悟をすることで、新たな予算が創造されることになってきます。

新たな現実を見つめて新たな覚悟ができない場合、第8章第3節で説明します「賃貸経

実際の結果

（単位：円）

年度			1	5	10	15	15年間合計
年間収入	基準賃料		20,000,000	20,000,000	20,000,000	20,000,000	300,000,000
	賃料下落率		0.00%	1.00%	1.00%	1.00%	
	入居率		98%	95%	94%	93%	
	その他						
	合計	①	19,600,000	18,620,000	17,484,000	16,554,000	271,498,000

資金支出	借入金返済額	銀行融資	8,870,856	8,870,856	8,870,856	8,870,856	133,062,840
		その他融資					0
		計	8,870,856	8,870,856	8,870,856	8,870,856	133,062,840
	運営経費	固定資産税	1,000,000	1,000,000	1,000,000	1,000,000	15,000,000
		火災保険料	50,000	50,000	50,000	50,000	750,000
		原状回復工事費用	0	500,000	800,000	1,500,000	9,700,000
		建物維持・修繕費用	330,000	350,000	600,000	900,000	7,970,000
		管理手数料	980,000	931,000	874,200	827,700	13,574,900
		日常・定期清掃費用	630,000	642,600	655,452	668,561	9,678,821
		その他					0
		計	2,990,000	3,473,600	3,979,652	4,946,261	56,673,721
	合計	②	11,860,856	12,344,456	12,850,508	13,817,117	189,736,561
資金収支	年間資金収支	①－②	7,739,144	6,275,544	4,633,492	2,736,883	81,761,439
	資金収支累計	③	7,739,144	36,445,920	63,876,588	81,761,439	
修繕積立費	年間修繕積立費		1,000,000	1,000,000	1,000,000	1,000,000	15,000,000
	累計修繕積立費	④	1,000,000	5,000,000	10,000,000	15,000,000	
修繕積立費控除後の資金収支累計		③－④	6,739,144	31,445,920	53,876,588	66,761,439	

（資料５－１）当初事業計画と実際の結果・見本

長期収支計画（1～15年度）当初計画

（単位：円）

年度			1	5	10	15	15年間合計
年間収入	基準賃料		20,000,000	20,000,000	20,000,000	20,000,000	300,000,000
	賃料下落率		0.00%	0.30%	0.30%	0.30%	
	入居率		100%	98%	96%	96%	
	その他						
	合計	①	20,000,000	19,541,200	18,854,400	18,624,000	289,438,000

			1	5	10	15	15年間合計
資金支出	借入金返済額	銀行融資	8,870,856	8,870,856	8,870,856	8,870,856	133,062,840
		その他融資					0
		計	8,870,856	8,870,856	8,870,856	8,870,856	133,062,840
	運営経費	固定資産税	1,000,000	1,000,000	1,000,000	1,000,000	15,000,000
		火災保険料	50,000	50,000	50,000	50,000	750,000
		原状回復工事費用	0	300,000	500,000	500,000	4,500,000
		建物維持・修繕費用	300,000	300,000	300,000	300,000	4,500,000
		管理手数料	1,000,000	977,060	942,720	931,200	14,471,900
		日常・定期清掃費用	600,000	600,000	600,000	600,000	9,000,000
		その他					0
		計	2,950,000	3,227,060	3,392,720	3,381,200	48,221,900
	合計	②	11,820,856	12,097,916	12,263,576	12,252,056	181,284,740
資金収支	年間資金収支	①－②	8,179,144	7,443,284	6,590,824	6,371,944	108,153,260
	資金収支累計	③	8,179,144	40,159,860	75,965,220	108,153,260	
修繕積立費	年間修繕積立費		300,000	300,000	300,000	300,000	4,500,000
	累計修繕積立費	④	300,000	1,500,000	3,000,000	4,500,000	
修繕積立費控除後の資金収支累計		③－④	7,879,144	38,659,860	72,965,220	103,653,260	

総事業費　200,000,000円　　銀行借入れ（固定金利）200,000,000円　30年返済　金利2.0%／年
RC造

営の貧乏スパイラル」に陥る心配があるのです。

2 数字に関心を持とう！

建物の維持管理にも関わってきますが、私はオーナーの皆さんには事あるごとに「オーナーさんの確定申告は自分でしましょう」とお勧めしています。賃貸経営に関わる税務の全てを税理士任せにしているオーナーさんが多いのですが、私は確定申告はできるだけオーナーさん自身でやり、税理士さんにはチェックだけをお願いするという形が望ましいと思っています。

なぜ、面倒な確定申告をオーナーさんが自分で行った方が良いのでしょうか。それは確定申告を自分ですることが、賃貸経営を行うオーナーさんにとって大きなメリットをもたらすからです。

第一に、自分の持つ財産とその状態を知ることができます。

第二に、その知識に基づいて長期の経営計画を策定することができます。

例えばオーナーさんが確定申告の作業を始めると、すぐに「減価償却」という項目に気が付くはずです。減価償却とは、建物や設備にかかった費用を税法で決められたそれぞれの耐用年数で分割し、毎年の経費として計上していく作業のことです。この減価償却について勉強することで、オーナーさんはどういった設備が長持ちし、何がそうでないのかという認識が深まります。何があと何年使え、何の交換がもうすぐ必要になるのか把握できれば、重要性の高い長期修繕計画表についても、自ら作成することができるようになるのです。

また経費を自分の目でチェックすることで、日常の修繕、原状回復費用など、賃貸経営において「何にいくらお金がかかったのか」を総合的に把握できます。これと建物、設備の耐用年数の把握と合わせることで、いつ、どれくらいの費用が必要になってくるかという、より実用的な修繕計画を策定できるはずです。補修やリフォームの費用が経費として計上でき、建物への先行投資が節税につながることにも気付くでしょう。

また毎年の減価償却や返済金利の金額を知ることは、将来にわたる所得税額の予想にも役立ちます。設備の減価償却の額は定率法の場合、新築直後は大きく、築年数が経つごとに減っていきます。すると家賃収入が一定であったとしても、課税所得は増えていくことになり、その分、所得税額も増えていくのです。ローンの返済金利もやはり賃貸経営の経費として所得から控除できますが、変動金利で借りている場合は毎年の金利水準によって変化します。その毎年の推移を知ることで、翌年以降の税額の予想を立てやすくなります。

減価償却の金額、補修に必要な費用、返済金利の推移、税額などを把握することで、賃貸経営でのキャッシュフローが、現在、そして将来についても目に見えてきます。するとそれに基づいた将来の大規模修繕への資金準備や、その先の投資計画もより計画的に進めることができ、経営も安定するし、先の見通しに確信を持てるようになって漠然とした不安がなくなります。経営上も精神衛生的にも良いことずくめなのです。

そして必要な修繕を判断し、老朽化の進行を食い止め空室を減らし入居者の質を高め、資金面でも潤沢になっていきます。「賃貸経営の安定スパイラル」に乗る上で、「自分でやる確定申告」は大きな後押しとなってくれるでしょう。逆に言えば、確定申告を他人任せにしているオーナーさんは、マイナスのスパイラルに、はまるおそれが強いと言えます。自分で確定申告をしないということは、自分の資産をきちんと把握できないということになります。それはつまり、自分の資産に関心がないともいえます。結果、管理が手薄となり、計画的な修繕が行われず、物件が早期に老朽化して空室が増え、まさに貧乏スパイラルに入り込んでしまうのです。そうした悲劇を未然に防ぐ上でも、確定申告をオーナーさん自ら行うことには大きな価値があります。

実は、賃貸経営ほど申告作業が楽な業種はありません。賃貸経営においては、収入も支出も毎月ほぼ一定で、入金元、支払先も固定的です。各年を比べても、それほど違いはありません。経営がどんな状態にあるのか、とても分かりやすいのです。事業に必要な経費の支出は、殆どの業種では毎日のように発生し、全体を把握するのは大変です。収入も不定期なことが多く、季節的な変動があったり、支払いそのものも手形などが使われて複雑です。しかし賃貸経営では経費の支出回数はごくわずかで、しかも定例的なものが多く、収入は決まった入居者の方が毎月キャッシュで振り込んでくれます。

私は、確定申告を自分でされると決意されたオーナーさんに対し、さらにもう一押し、「青色申告」をお勧めしています。青色申告者になると、特別控除や損失の繰越し、専従者給与の必要経費への算入といったさまざまな節税メリットが受けられるからです。青色申告の場合、普通に確定申告をすることに比べて手間は増えます。

オーナーさんの中にも、「青色申告する場合、面倒な帳簿を付けなければならないと聞いていますが…」と、二の足を踏む方が多いのです。しかし帳簿を付けるにしても、先ほど述べたように入金も支出も固定的なので、申告作業は他の業種に比べればはるかに楽です。よく分からなかったら税務署の相談窓口の門をたたいてみてください。

忘れてはいけないのは、「自分で調べ、勉強し、実践することに価値がある」ということです。

第6章

賃貸経営立て直し策(2)
最新の入居者ニーズを捉え直す

1 築10年を経過した建物の再度のマーケティング

空室対策の第2のポイントは「入居者ニーズを捉え直す」ことです。新たに賃貸経営を始める場合、その物件が単身者向けかファミリー向け、どちらのニーズが大きいのかを考え、ターゲットに応じて、部屋の間取りを考えなくてはいけません。当初考えていた入居者ニーズが、この10～15年で変化していないかを捉え直す必要があります。

また単身者といってもサラリーマンと学生では価格帯も違いますし、高級志向の強い地域と庶民的な下町とでも家賃設定を変える必要があります。本書が対象としている、建物ができて10年以上経過しているオーナーさんの場合も、地域の特性を踏まえて入居者ニーズに応えていく努力が必要です。入居者ニーズといっても、決して間取りと家賃だけではありません。

次のグラフをごらんください。入居者が現在の部屋を選択した決定理由について尋ねたものですが、築10年以上の物件でも対応可能かどうか考えてみましょう。今さら建物はそ

（資料６－１）なぜ今のお部屋に決めたのか？「入居者の決定理由」

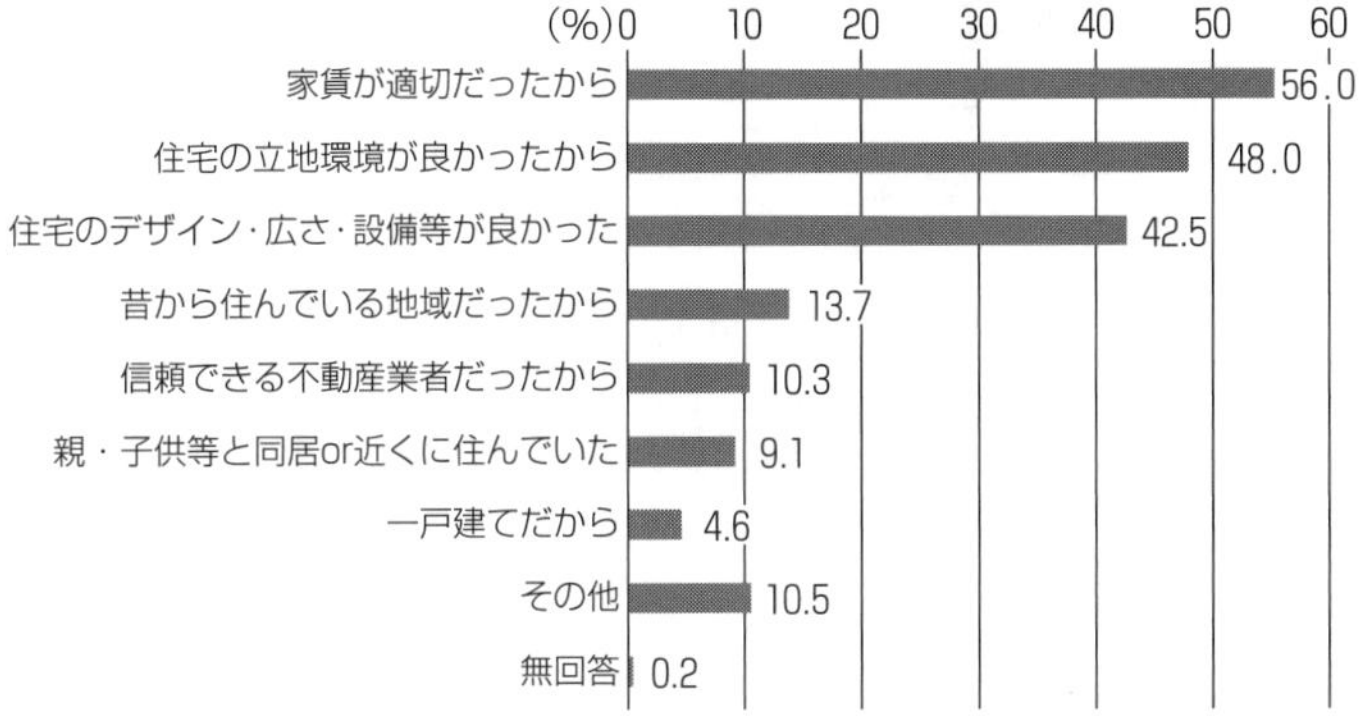

【出典】国土交通省：「2014（平成26）年度 住宅市場動向調査報告書」

う大きく変えられませんし、住宅の立地環境、入居者と地域のつながり、親族との距離なども、オーナーさんの努力によって変えることはできません。しかし、変えられるものもたくさんあります。例えば、住宅の設備を良くすることがそうです。

予算の関係もあり、入居者の設備へのすべてのニーズに応えることは不可能です。ですから、さまざまな入居者アンケートなどを参考にして、ニーズの優先順位を考えながらみていく必要があります。

その際、注意しなければならない点が２つあります。

１つ目は、時代とともにニーズは変化していくことです。次頁の表は、人気設備ランキングトップ10の２００７（平成19）年時点と２０１５（平

（資料６－２）人気設備ランキングトップ10の変遷
部屋探しのときに「必要」と考える設備

	順位	2007（平成19）年	2015（平成27）年
単身者向け	1	ブロードバンド	独立洗面台
	2	オートロック	TVモニター付インターホン
	3	TVモニター付インターホン	洗浄機能付便座
	4	洗浄機能付便座	エントランスのオートロック
	5	シャンプードレッサー	インターネット無料
	6	BS・CS放送	ガスコンロ（2口）
	7	ガスコンロ（2口）	備え付き照明
	8	バスタブ	エレベーター
	9	追い焚き機能	宅配BOX
	10	ディンプルキー	BS・CSアンテナ

	順位	2007（平成19）年	2015（平成27）年
ファミリー向け	1	追い焚き機能	追い焚き機能
	2	TVモニター付インターホン	独立洗面台
	3	オートロック	TVモニター付インターホン
	4	シャンプードレッサー	洗浄機能付便座
	5	ブロードバンド	システムキッチン
	6	洗浄機能付便座	エントランスのオートロック
	7	システムキッチン	ガスコンロ（2口）
	8	エレベーター	エレベーター
	9	CATV	BS・CSアンテナ
	10	ディンプルキー	ウォークインクローゼット

【出典】全国賃貸住宅新聞：2014（平成26）年1月6日号、2015（平成27）年10月26日号

成27）年時点のものです。単身者向けでは、TVモニター付インターホン、洗浄機能付便座等は相変わらず上位にありますが、独立洗面台が第1位に登場しています。また、ブロードバンド対応が当たり前になったため、今ではインターネット無料へと希望内容が変化してきています。ファミリー向けでは、追い焚き機能、TVモニター付インターホン等に引き続き人気がありますが、やはり独立洗面台への希望が多くなっています。

2つ目は、あって当たり前の設備はランキング表には出てこないということです。2015（平成27）年7月に株式会社リクルート住まいカンパニーから発表された「2014年度　賃貸契約者に見る部屋探しの実態調査（首都圏版）」によれば、次に引越すときは（も）絶対欲しい設備・仕様の第1位は「エアコン付き」で71・0％を占めていますが、先程のランキング表のトップ10には出てきません。今や、エアコンはあって当たり前の設備なのです。

部屋の間取りの面では、「バス・トイレ別」の要望が最近は非常に強くなっており、多くの方が「ユニットバスでバスとトイレが一体の物件は避けたい」と考えていますし、「絶対に別々がいい」という強い希望となっています。

こうしたニーズはターゲットとする入居者層により異なり、地域によっても異なってきます。エアコンにしても、東京では必需品だとしても、北海道では必ずしもそうではありません。ですから地域の特性を考え、ターゲットとする入居者を考えながら、家賃に応じた予算の範囲で設備を充実していく必要があるわけです。

2 入居者ニーズはターゲット層ごとに異なる

入居者がお部屋を決定する要因は、どこにあるのでしょうか。アンケートをとると、現在の物件に決めた要因として圧倒的に多いのが、「賃料と物件の良さが合っていた」という答えです。つまり、「まずは家賃」ということです。不動産会社の窓口で入居希望者が最初に聞かれるのも、「予算はいくらですか」という質問です。殆どの入居希望者は、まずは「大体いくらぐらいまで」という家賃の上限を決め、その範囲内でお部屋を探します。

そして予算の許す中で、それぞれ自分にとって譲れない条件を考えるのです。それは例えば駅からの距離であったり、築年数であったり、ペットを飼っている人であれば、

「ペット可」が絶対条件であったりします。皆さんの物件がある入居者の家賃のターゲットに入ったとして、最終的に選んで貰えるかどうかは、入居希望者のニーズをどこまでカバーできているかにかかってきます。

同じような価格帯の賃貸物件の中で他と比べられ、「こっちがいい」と選んで貰う必要があるのです。そこでターゲットとする入居希望者に対して、物件のどこを売りにするかを考え、優先するニーズを決めなくてはなりません。若い女性がターゲットであれば、建物のデザインや内装のおしゃれさ、セキュリティ、植栽などがポイントになるでしょうし、若い男性ならブロードバンド対応は必須です。ファミリーであれば子育て中ということがキーワードで、収納スペースが大きいことやお風呂の追い焚き機能などが必要になってきます。

3 世代間ギャップと時代の変化を知る

入居者、賃貸オーナー、不動産会社三者を対象にした、賃貸住宅に関するアンケート調査があります。駅からの距離、設備、生活スタイルを聞いていますが、その中で入居者及びオーナーさんの二者に対して、「『古い』と思う物件の築年数は？」という質問があります。

次のグラフによれば、築10年以上・14年未満の物件を「古いと思う」と答えたオーナーさんがたった8・4％であったのに対して、入居者の側では26・8％もの人が「古いと思う」と回答しています。この差は、一つには借りる立場と貸す立場の違いから出てきたものかもしれません。

しかしそれ以外にも、オーナーさんと入居者の間には大きな意識の差が存在します。それは世代の違いによるギャップです。

公益社団法人東京共同住宅協会では、オーナーさんの平均年齢は68歳となっています。

（資料6－3）世代間ギャップ　「古い」と思う物件の築年数

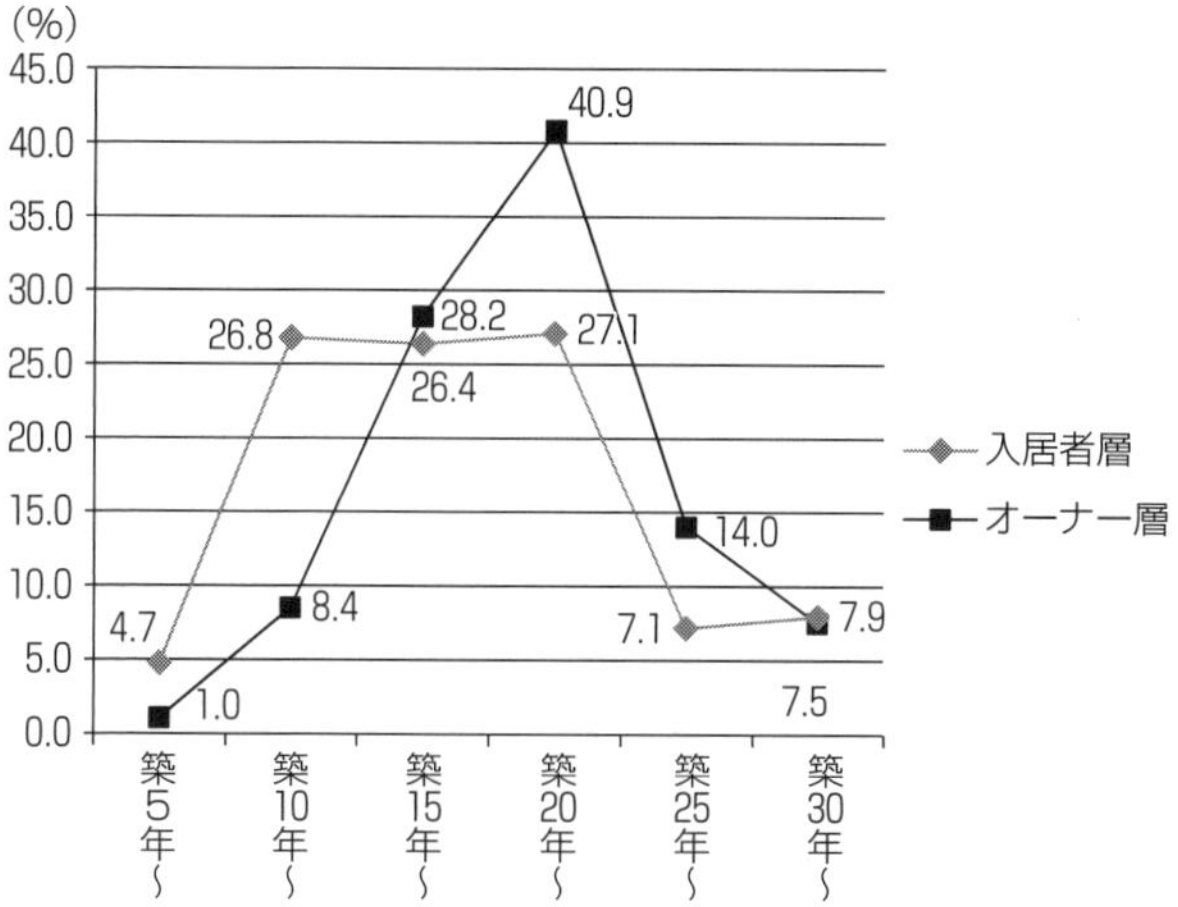

【出典】アットホーム（株）、（株）オーナーズ・スタイル：「賃貸住宅に関する三者アンケート」2007年アットホーム調べ

入居者の平均年齢については、はっきりしたデータがないのですが、実際に部屋を借りるのは、学生、独身のサラリーマン、結婚した若い夫婦、小さな子供のいる家族などの20歳代、30歳代が中心です。オーナーさんの平均年齢と比べると、親子かそれ以上に世代が違うことが分かります。

世代が違い、育ってきた時代背景が違うと、どうしても物事に対する感覚も違ってきます。例えば、モノが十分にない時代に育った高齢者の方には「もったいない」という感覚が強くあります。モノは大切に使うべきで、まだ使えるモノを捨ててしまうのは

「もったいない」というのが高齢者世代の発想です。しかし賃貸経営においては、この発想が大きな障害となる場合が少なくありません。

オーナーさんが「まだまだ使える」と思っていても、若い入居者から見れば「もう古い」と感じてしまうのです。日本人は、そもそも内装や設備には新しさを求める国民です。この点、アメリカ人やヨーロッパ人は、日本人とは明らかに違います。外国の人達は室内でも土足で歩き回りますし、古い建物を長く使うことを尊び、壁などは自分で塗り直してしまいます。しかし、日本人は必ず靴を脱いで室内に上がり、新しい家を好み、真新しい設備を喜びます。特に、住むところを変えて新しい生活のスタートを切るというときには、住環境にも新しさを求めるものです。ですから、新築の物件には何もしなくとも入居者が集まりますし、築年数の経ったマンションであっても、壁や床は完全にクリーニングされ、水回りなどは新品同様にピカピカでないものは敬遠します。

最近の若い人は、前の住人が使っていた形跡や生活感が残っていることを特に嫌がります。水道の蛇口のサビ、便器の頑固な汚れ、浴槽の落ちない水アカなどが残っていると、確実に入居希望者を遠ざけ、空室の原因になってしまいます。壁紙や水回りなど入居者が特に気にするポイントについては「もったいない」と思わずに、まだ使えるものであっても積極的に新しいものに取り替えることがニーズとなります。何もかも新品にする必要はありませんが、装飾用シート（商品名：ダイノックシート、カッティングシート等）を使ってリニューアルしたり、ときには費用を投じて目立つパーツを新品に換える決断が必要です。

原状回復の義務についても、高齢のオーナーさんと若い入居者とでは意識に大きな差があります。例えばカツ丼などの出前をとったとき、年配の方はきれいに洗って食器を玄関前に出します。誰かに車を借りたら、最後に洗車してガソリンは満タンにし、「ありがとう」という言葉を添えてお返しします。それはこの世代の方にとっては常識といっていいことでしょう。けれども若い人は出前をとっても、食べカスがついたままの状態で食器を返します。「お金を払って注文したのだから、食器などは売り手が洗うのが当然」というのが若い世代の認識なのです。

これは部屋を借りる場合も同様です。年配の入居者は、後で業者がクリーニングに入るということが分かっていても、出るときはきれいに掃除していきます。ところが若い世代は、「お金を払っているのだから、部屋を返した後できれいにするのは貸す側の仕事」という感覚なのです。お年寄りから見れば「最近の若い者は」と眉をひそめたくなることもあると思いますが、そう感じるということは、世代間ギャップがそこにあるということなのです。

賃貸経営においては、こうした借り手の世代との感覚の違いをあらかじめ織り込んでおかないと、オーナーさんと入居者の双方にストレスがたまり、募集においても空室がなかなか埋まらないという結果になります。

4 以前と異なり、部屋探しの8割はインターネットから始まっています

最近の部屋探しはインターネットでの検索から始まります。単身者であってもファミリーであっても、7～8割の人は、「部屋探しのときには、まずインターネットで検索する」と答えています。

それも不動産会社のサイトで探すより先に、グーグルなどの検索機能を使って、いくつかのキーワードを打ち込んで検索してみるのが普通です。このとき打ち込まれるキーワー

ドには、入居者のニーズが端的に表れています。例えば「賃貸マンション」「文京区」と2つのキーワードを入力したとすると、この人の部屋探しの条件の一番目は住む地域であり、文京区あたりで部屋を探していることが分かります。単身者の多くは、「住みたい街」を検索のキーワードにしています。それも女性の場合、自由が丘であったり代官山であったり、「おしゃれ」とされる街が多くなります。そしてその後に「賃貸」とか「オートロック」といったキーワードが入ってきます。

ファミリーの場合、検索キーワードが「子育て」だったり「有名小・中学校」かもしれません。そうしたキーワードで検索した場合、ネット上の募集図面で「子育て向き」「○○小・中学校そば」といった売り文句をうたっている物件が引っかかることになります。あるいは「安全」であれば、建物や地域の安全性をうたっている図面がヒットしてきます。このようなインターネット検索におけるキーワードの動向をリサーチすることも、空室対策に関する重要なマーケティングの一つです。

部屋探しを始めた人の多くが、このインターネットによる検索から家賃の相場や、典型的な間取り、駅からの距離による価格の違いといった予備知識を得て、それから実際に足を使った部屋探しを始めるのです。オーナーさんの場合、インターネットについてはやはり世代間ギャップがあるようで、こうしたデータを知ると「そこまでネットが中心になっているのか」と驚かれる方が多いようです。

5 スマートフォンでのお部屋探しが急増中

前節で、部屋探しの7〜8割はインターネットから始まっていますと書きましたが、最近ではその中心がスマートフォンに変わりつつあります。スマートフォンの爆発的な普及が、入居者のお部屋探しにさらに大きな変化をもたらしています。

次のグラフを見ると、物件探しの約8割がインターネット利用という数値に変化はありませんが、その内訳が大きく変わっています。ＰＣサイトが49・２％ですが、スマホ利用が29・９％とネット利用者全体の中で３分の１以上を占めるようになり、大きく伸びているのです。賃貸物件の検索ツールは、パソコンが主流であることに変わりはないものの、利用者の割合が僅かに減少しているそうです。その一方で、スマートフォン利用者の割合

（資料6－4）部屋探しに利用した情報源

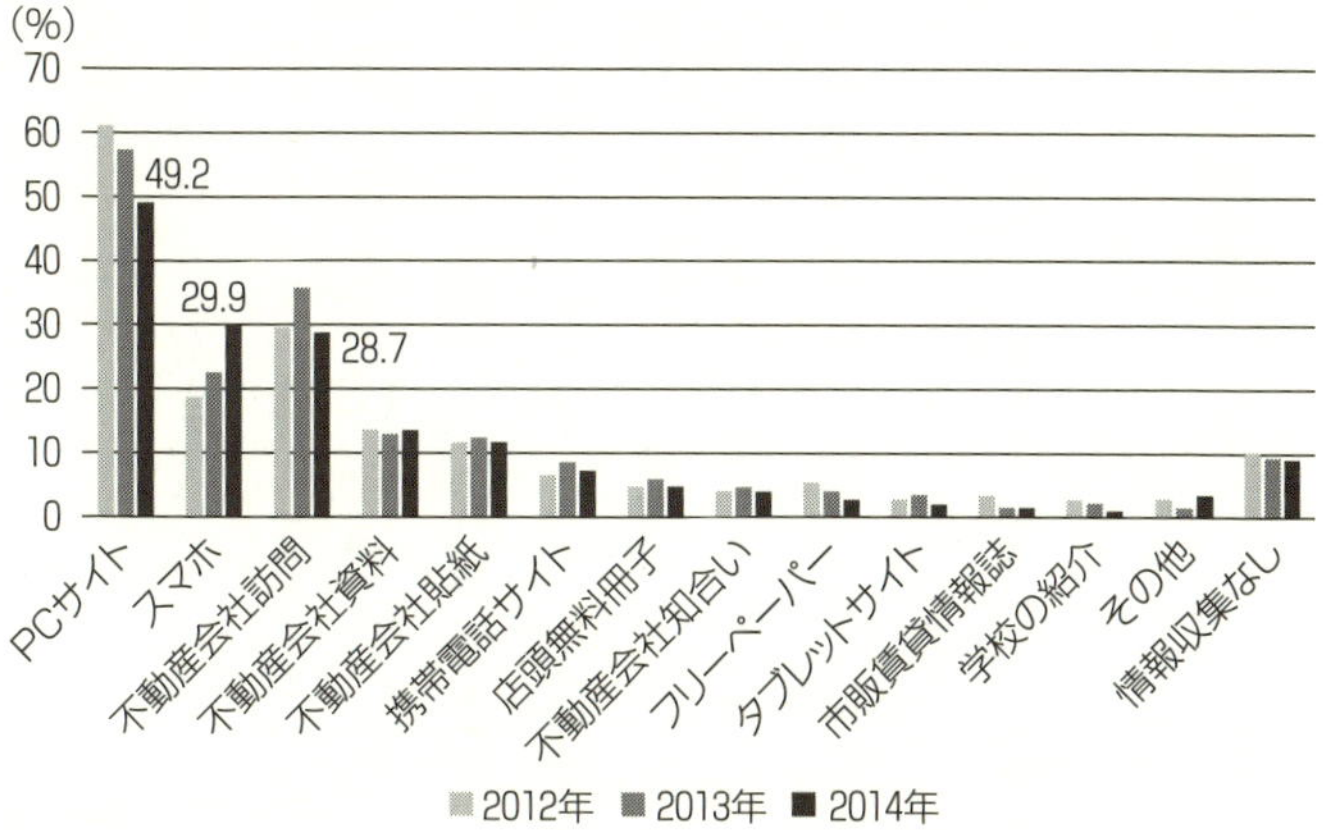

【出典】株式会社リクルート住まいカンパニー：「2014年度 賃貸契約者に見る部屋探しの実態調査」

は全世代を通して2倍以上の伸びをみせ、その存在感を年々増しています。

増加の一途をたどるスマートフォンでの物件検索ですが、特に若い世代での利用率の高さには目を見張るものがあります。20歳代以下では昨年から僅か1年で約30％増加しており、既に過半数の54・1％の方が物件の検索にスマートフォンを利用するようになりました。

当然ながら若い世代では賃貸住宅利用者が多く、賃貸住宅経営においてはいかにしてその世代に物件をアピールするかが大変重要なポイントになります。したがって、賃貸経営の主なターゲットである若者が多く利用しているスマートフォンサイトに物件情報を掲載することは、入居者募集の方法として理に適っており、高い効果が期待できます。

反対に、スマートフォンサイトに物件が掲載されていない場合には、掲載して貰うように管理会社等に働きかけてみるとよいでしょう。また、掲載はされていても物件の魅力が十分に伝わっていないようであれば、写真の差替えなどの対応が必要になります。

賃貸住宅経営全般に当てはまりますが、管理会社等に仕事を依頼したのであれば、必ずその成果を確認する必要があります。スマートフォンサイトへの掲載を依頼したのであれば、必ずオーナーさん自身がそのサイトを確認しなければなりません。

パソコンと比べ、画面の小さいスマートフォンでは、本当にご自身の物件が簡単に検索できるのか、見やすく表示されているのかのチェックは特に大切になります。これからのお部屋探しにおいては、スマートフォンが鍵となることは間違いありません。

普段はスマートフォンをご利用にならないオーナーさんにとっては煩わしいことかもしれませんが、入居者がどのように物件検索をしているのかをオーナーさん自身の目で確認することが重要なのです。

6 第一印象で大きく差がつく募集図面

入居者がネットで調べて現地に出向く場合、お目当ての物件があればそれを扱っている不動産屋さんをまず訪ねますし、ネットを使わなかった場合も不動産屋さんを訪ねることになります。

たとえお客様にネットで「これ」と目星をつけた物件があったとしても、不動産屋さんがその1件だけしか案内しないということは、普通はありません。不動産屋さんには大抵ヒアリングシートという質問表のようなものが置いてあり、そうしたものを使いながら、部屋探しに来られた入居希望者の予算や希望を確認します。扱っている物件の中から、営業担当者が入居希望者の希望する条件に合った部屋をいくつかピックアップして募集図面を見て貰うケースもあれば、200件、300件といった大量の募集図面が綴じられたファイルをそのまま渡して、入居希望者ご自身にいくつかピックアップして貰う場合もあります。

営業担当者が募集図面をピックアップする場合は少ないときで5枚ぐらい、多いと20枚ぐらいでしょう。それを入居希望者にお渡しして、その中でも希望に近い物件をいくつか選んで貰い、「この部屋とこの部屋を見たい」という入居希望者の希望を受けて、実際に部屋まで連れて行くのです。このような順序で内見が決まることを考えると、まずは募集図面の段階でお部屋探しをしている人の目に留まらなければ、部屋まで見に来て貰えないことが分かります。

つまりインターネットを使おうと使うまいと、お部屋探しをしている人にとって、物件の第一印象とは、実は募集図面なのです。

人にもよりますが、部屋探しをしている方の持ち時間には制限があります。多くは2～3時間で、その間に大体3物件くらいを見て回ることが多いのです。つまり多くの入居希望者は図面チェックの段階で、実際に見に行く物件を3つ程度まで絞り込んでしまうのです。募集図面を見た時点で何らかの魅力を感じない限り、見学に行くことはありません。ですから部屋を見に来て貰うためには、数多くの募集図面の中からベスト3の中に選んで貰う必要があります。募集図面が魅力的であることが、空室対策には決定的に重要になってくるのです。

では、魅力的な募集図面とはどんなものでしょうか。第一に必要なのは情報量です。入居希望者が見たいと思う物件の情報が全て図面の中に網羅されていることが必要です。間取りやロケーションだけでなく、建物の外観写真や室内各所の写真、さらに物件の周囲の環境についての情報も求められます。それらの写真や情報は、部屋探しをしている人にアピールするような魅力的な内容でなくてはなりません。あなたの物件を紹介している募集図面の文章の中には、部屋探しをする人達が「自分の目で見てみたい」と思うようなＰＲの工夫があるでしょうか。

地域の住環境の良さ、建物のロケーションの良さなど、関心をひくためのキャッチコピーはとても大切です。例えば周りが緑地だったら「緑あふれる」、日当たりがよければ「日が当たるすてきな空間です」といった具合です。もし図面にそうしたうたい文句がなかったら、担当者と一緒にアイディアを出し合い、いいキャッチコピーを考えてみましょう。

建物の写真だけでなく室内の各所の写真があり、そしてその写真の映りが良いことも大切です。人間と同じように建物にも写真映りの良い角度、悪い角度があります。見栄えをよくするために修正を加えることまではすべきではありませんが、せめてベストポジショ

（資料6－5）募集図面

良い例

悪い例

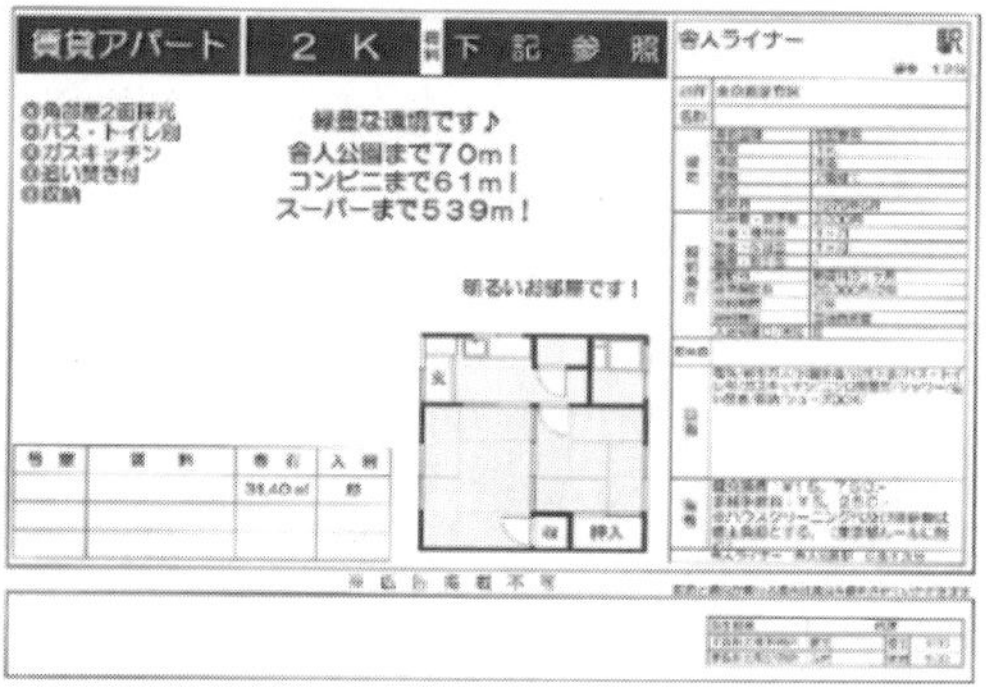

ンから写された写真を使って貰いましょう。募集図面の写真はお見合い写真と同じです。映りが悪ければ会っても貰えないのです。写真の重要性を心得ている不動産会社は、外観写真一つでも、印象のよい写真が撮れそうな天気のよい日を選んで撮影を行います。ところが無頓着なところだと、曇った日や雨の日でも平気で写真を撮っ

てしまいます。

出来の悪い募集図面は部屋の間取りと外観写真だけで、物件の魅力について何のＰＲもせず、スカスカだったりします。図面の出来だけで物件の印象はまったく違ってしまい、それは入居希望者からの引き合いの数の違いとなって表れてきます。前頁に良い募集図面と悪い募集図面の例を載せましたのでご覧になってください。あなたの物件の募集図面はどちらに近いでしょうか？

7 空室対策のためのチェックリストを公開

空室を作らないためには、どんな点に注意したらよいのか、いったい何が原因で自分の所有する物件の空室が埋まらないのか、ご自分の物件しか知らない一般のオーナーさんにはなかなか判断がつかないと思います。

３つの公的団体が協力して空室に悩むオーナーさんからの相談をうかがう、「空室救助

No.	GOOD	BAD	E ［エントランス］	BAD値
27	□	□	定期的に清掃されている形跡がない（1週間に1回）	3
28	□	□	エントランスマットが汚れている	4
29	□	□	ドアガラスが汚れている	3
30	□	□	床が汚れている	4
31	□	□	クモの巣が張っている	5
32	□	□	ゴミ、埃、チラシが落ちている	4
33	□	□	ポストに塵、埃が積もっている	3
34	□	□	集合ポストにチラシがあふれている	3
35	□	□	チラシ捨て用のゴミ箱が置いない	2
36	□	□	掲示物が破れている、曲っている、古い掲示物が貼ってある	3
37	□	□	壁に掲示物を貼った糊の跡が残っていないか	2
38	□	□	嫌な臭いがする	5
39	□	□	共用灯が切れている	4
40	□	□	共用灯は切れていないが暗い	3
41	□	□	壁、床、天井の劣化がある	3
42	□	□	鉄部が錆びている	3
43	□	□	花など装飾がされていない	1
44	□	□	自転車など私物を置かれている	2
（良好）0 ←――――――――→ 57（改善項目多し）				57

No.	GOOD	BAD	F ［共用部］	BAD値
45	□	□	定期的に清掃されている形跡がない（1週間に1回）	3
46	□	□	鉄部は錆びている	3
47	□	□	ガラス部分が汚れている	3
48	□	□	クモの巣が張っている	5
49	□	□	ゴミ、埃、チラシが落ちている	4
50	□	□	掲示物が破れている、曲っている、古い掲示物が貼ってある	3
51	□	□	嫌な臭いがする	5
52	□	□	共用灯が切れている	4
53	□	□	共用灯は切れていないが暗い	3
54	□	□	共用灯カバーの中に虫の死骸が入っている	3
55	□	□	私物が置かれている	3
56	□	□	自転車が置かれている	3
57	□	□	壁、床、天井の劣化がある	3
58	□	□	玄関ドアが劣化している	3
59	□	□	玄関ドアにシールなど貼られている	3
60	□	□	玄関ドアホンが拭きあげられていない	3

（資料6－6）「空室救助隊チェックリスト（例）」
全180項目のうち一部のみ掲載

No.	GOOD	BAD	A ［敷地内］	BAD値
1	□	□	定期的に清掃されている形跡がない（1週間に1回）	3
2	□	□	雑草が生えている	3
3	□	□	植栽が手入れされていない	3
4	□	□	粗大ゴミなど捨てられている、荷物が置かれている（入居者・不法投棄）	4
5	□	□	照明が切れている	4
6	□	□	建物周辺が暗い	3
7	□	□	ゴミ置場にゴミが残っている	4
8	□	□	異臭がする	5
9	□	□	不審者が入りやすい雰囲気がある	3
（良好）0 ＜――――＞ 32（改善項目多し）				32

No.	GOOD	BAD	B ［建物印象］	BAD値
10	□	□	館名盤が汚れている、破損、字が消えている	3
11	□	□	壁やタイルが汚れている	3
12	□	□	外壁タイルが欠けている、剥がれいる、浮いている	3
13	□	□	外壁塗装が剥がれている	3
14	□	□	TVアンテナが傾いている	4
（良好）0 ＜――――＞ 16（改善項目多し）				16

No.	GOOD	BAD	C ［自転車置場］	BAD値
15	□	□	定期的に清掃されている形跡がない（1週間に1回）	4
16	□	□	自転車が整理されていない	3
17	□	□	放置自転車がある	3
18	□	□	所有者はいるが埃まみれになった使用していない自転車がある	2
19	□	□	自転車置場屋根にゴミ、落ち葉などたまっている	4
20	□	□	鉄部が錆びている	4
（良好）0 ＜――――＞ 20（改善項目多し）				20

No.	GOOD	BAD	D ［駐車場］	BAD値
21	□	□	定期的に清掃されている形跡がない（1週間に1回）	4
22	□	□	枯葉、空き缶、ゴミが落ちている	4
23	□	□	タイヤ、私物などが置かれている	4
24	□	□	照明が切れている	4
25	□	□	照明は点いているが暗い	3
26	□	□	クモの巣が張っている	5
（良好）0 ＜――――＞ 24（改善項目多し）				24

隊」という組織があります。この空室救助隊では、オーナーさんから相談を受けると、180項目に及ぶ細かなポイントを網羅したチェックリストを手に現地を拝見し、アドバイスを行っています。さまざまなポイントをチェックし、さらにその結果をグラフ化し分析チャートとすることで、問題が敷地内の状況にあるのか、部屋の状況にあるのか、それともマーケットのニーズと提供している物件の面積や間取りがずれていることにあるのか、家賃が相場からみて高すぎるのか、あるいはオーナーさんの心得の部分にあるのかといった、空室を生み出している原因を洗い出していくのです。どこに原因があるのかを調べ、一つ一つ地道に問題を解決していくこと。空室対策はそれに尽きるといえます。

（注）「空室救助隊」の問合せ先は、58ページをご参照ください。

オーナーさんへの愛のワンポイント　No.3

マーケティングの失敗で苦労したCさん

東京都内の人気エリアにおいて駅から徒歩2分という最高の立地にありながら、多くの空室を抱えてしまったCさんの事例をご紹介します。物件は鉄筋コンクリート造10階建て、家賃は20万円台という高級マンションですが、わずか築2年の段階で、全18室のうち6部屋も空室という状態に陥っていました。6部屋の空室による減収は120万円を超えます。事業計画が大きく狂ってしまい、Cさんは銀行への返済もままならず、困り果てた挙句、公益社団法人東京共同住宅協会にご相談にいらっしゃいました。

都内のお洒落な街に土地をお持ちのCさんは、周辺の物件とは一味違うデザイナーズ・マンションを建てようと考え、有名デザイナーに設計を依頼しました。しかし、デザイナーの設計は斬新ではあったものの、実際に生活するには大変不便なものでした。例えば、寝室を通らなければ浴室に行けないなど、入居者の使い勝手は完全に無視されており、デザイナーの自己満足で設計したのではないかと思えるほどです。

また、お部屋の面積も入居者のニーズから大きく外れたものでした。

周辺地域は単身者からのニーズが高かったのですが、この物件は各部屋が50m²程度の1～2LDKとなっており、一人暮らしをするには広すぎます。反対に、人気エリアに住みたいと考える裕福なファミリーには少々手狭となっており、単身者にとってもファミリーにとっても中途半端な面積です。さらに、1坪あたりの賃料の設定も約1万5000円と高額であり、高すぎる家賃も入居の妨げとなっていました。部屋面積や家賃設定には、本来綿密なマーケティングが必要ですが、この物件では立地の良さに甘えて事前の市場調査を怠っていたようです。その結果、ターゲットが曖昧になり、地域のニーズに合わない空室物件を生み出してしまったのです。

なお、このケースでは植栽や照明を工夫することで印象を改善し、さらに、高すぎる賃料設定や入居条件の見直しを行いました。また、光ネット無料や特別キャンペーンも実施し積極的な入居者募集を展開することで、約3か月で空室を解消することに成功しました。賃貸住宅経営は初期投資が非常に大きく、建てた後の修正が利きにくい事業です。後悔することのないよう、建築の際には、十分な計画を練ることをお勧めします。

第7章

賃貸経営立て直し策（3）見た目が90％重要

1 入居者の基本行動を知る

第4章で空室対策のポイントの一つとして「センスが大事」と述べましたが、入居者目線に合ったセンスという意味です。この章では、入居者の内見から入居生活までの全体について、センスについての注意点をまとめました。

入居希望者が実際の部屋を見学することを、業界用語で「内見」といいます。仲介会社がお客様にどんな順序で物件を見せていくかは、担当者によりそれぞれです。本命の物件を最初に見せる人もいれば、最後にとっておく人、本命かどうかとは関係なしに近い物件から案内する人もいます。歩いていけるところに物件が固まっている場合もありますが、距離があって車で案内する場合もあります。

入居希望者はその間に募集図面で見ただけの物件について、頭の中でイメージをふくらませ、いろいろ想像をしながら、いよいよ実際の建物を目にすることになります。募集図面を物件に対する第一印象とすれば、第二印象ともいうべきなのが、建物の前に立ったと

（写真7－1）建物の前での第二印象

きに受ける印象です。

入居希望者は、物件までの道のりで担当者からその地域の環境について何かしらの話を聞いています。いよいよ入居希望者が物件の入口に立ち、建物を見上げ、エントランスの構え、正面から見たときの建物の全体像（ファサード）を目にします。この第二印象で、どれくらい入居希望者のハートをつかむことができるかが一つの分かれ目です。

物件全体の清潔感や手入れが行き届いている感じ、植栽や照明の雰囲気、エントランスがみすぼらしい小さなものなのか、それとも入居者をお迎えしたいという気持ちが感じられるすてきなエントランスなのか。そうしたことによって入居希望者の印象は決まります。

そこからは部屋に向かう段階です。エントランスホール、階段あるいはエレベーター、共用の廊下を通って部屋の入口まで来ますが、そのときには郵便ポストなどの設備も目にしており、そうした建物の様子で日常の管理状況をチェックします。

そして、最後に部屋の中に入ります。このとき受ける印象が、いわば第三印象です。物件を見に来ているという時点で募集図面での第一印象はOKだったわけです。建物の入口から眺めた第二印象も問題なく、「いいね」と言って貰えるような好感触を得ていたら、部屋に入ったときの印象で最終的な判断が下されます。

部屋の中ではまた、さまざまなポイントがチェックされます。窓からの景色、採光、水回りの様子、エアコンやセキュリティなどの設備、室内のカラーリングや美装（ハウスクリーニング）、原状回復あるいはリフォームがきちんとされているか、ブロードバンド環境やケーブルテレビなどの付加価値はどうか。

そうした点をチェックし、気に入って貰えたら、入居希望者は「この部屋に自分はどういうふうに住むだろう」と考え始めます。冷蔵庫はここに置き、お気に入りのテーブルやドレッサーはここに。ベッドはどうしようか。何か植物を置こうか、などなど。

といっても予算の制限もありますから、100点満点ということは普通ありません。入居希望者から見れば、何かしら妥協しなければ部屋は決まらないのです。例えばデザインが今一つだとか、フローリングの色が好みでないとか、間取りや水回りの使い勝手が気に入らなかったりします。

となると、どうしても他の物件と比較したくなります。たとえその物件だけを見たとき100点だと感じたとしても、本当に自分にとって100点なのか、自分ではよく分からないものです。ですから、その場合も念のためにほかの物件と比較してみることになります。とはいえ気に入った物件を見た後でほかの物件を見るという場合は、その物件を本命として、入居の意思を固めるためにほかも見ておこう、という意識になっています。そこまでハートをつかんで、初めて入居申込書を書こうということになるのです。

2 建物にもある一目惚れ、築10年以上だけに必要以上に身綺麗に

「人は見た目が9割」（竹内一郎著・新潮新書）という本がベストセラーになりましたが、

建物も実は同じです。人はどうしても見た目の印象に左右されます。入居者の物件への評価も「パッと見」の印象で大部分が決まってしまいます。

そのためエントランスに入っていくまでの建物全体の印象は、実は部屋そのものの印象と同じくらい重要です。たとえ部屋そのものは日当たりがよく間取りもよくできていて、住み心地のよい物件でも、建物の見た目が冴えなければ来た人は失望してしまいます。そこでは外構や植栽がきちんと考えられているか、ファサードと呼ばれる正面部分の見た目、照明のアレンジ、温かみが感じられるか、建物として明確なコンセプトが打ち出されているか、といったことがポイントとなります。

建物はオーナーさんの個性を写し出す鏡のようなところがあります。私はこれまで公益社団法人東京共同住宅協会会長として、たくさんのオーナーさんの相談を受けてきました。そうした経験を積む中で、今では建物を拝見するだけで、オーナーさんがどんな方なのか、ある程度見当がつくようになりました。

例えば、エントランスの状態があります。きちんと清掃されているか、整頓されているか、あるいは花などが飾ってあるか。建物全体の管理の状態では、修繕計画がきちんと実施されているか、鉄部のサビなどが放置されていないか、郵便ポストなど設備の傷み具合はどうか。建物の構造では、ファサードにタイルが貼ってあるかどうか、安全安心のためにどんなセキュリティ設備を入れているのか。そうした様子を拝見することで、その建物のオーナーさんがどういった方なのか、だいたい想像がつきます。

賃貸物件の管理が行き届いていないということは、オーナーさんがルーズな方なのか、あるいは良い管理会社と出会っていないのか、どちらかまたは両方です。荒れた建物のオーナーさんの多くは、ご自身が悩みを抱えています。悩みの内容はお金のこと、家族のこと、あるいは健康の問題、さまざまです。反対にしっかり管理されている建物のオーナーさんは、悩みも少ないものです。すみずみまで掃除が行き届き、エントランスに花が飾ってあるような建物は、その建物へのオーナーさんの愛情が訪れた人にも感じられます。

「子は親の鏡」という言葉がありますが、子どもの姿を見てその子の親の姿が想像できるように、建物にもいろいろな状態があって、それはオーナーさんの姿を反映しているのですね。ですから成功する賃貸経営には、オーナーさんご自身のホスピタリティ豊かな取組み姿勢が大切になってくるわけです。

3 「伸びる会社はトイレを見ろ」は賃貸経営でも同じ

建物の第一印象には、日常の清掃や整頓がかなりのウェイトで関わってきます。センスの良さを訴える上でもまず前提となるのは、建物と敷地が清潔で健全な状態を維持していることです。郵便ポストの周りにチラシが散乱していたり、エントランスに私物が放置されていたり、敷地内の雑草が伸び放題になっていたりといった状態は、確実に物件の印象を悪くします。

ある女性の前に二人の男性がいたとしましょう。一人は人間的には誠実な若者なのだけれども、いつお風呂に入ったか分からないような薄汚い身なりで、髪の毛はぼさぼさでフケだらけ、服はよれよれでネクタイには食べ物の汚れがついたままといった様子。これでは第一印象からして大きなマイナスです。もう一人の男性が清潔感の感じられる身だしなみで、見た目にさわやかな印象だったとすると、それだけではっきり差がついてしまうでしょう。建物についても同じことがいえます。

私の知っている成功しているオーナーさんの一人は、日頃の清掃に大変力を入れていて、外からは見えない隙間にも手を突っ込んで、隅々まで自らきれいに拭いています。そして床ばかりではなく、壁も天井もピカピカにされています。「清掃というのは、床を掃くことではありません。私の清掃は立体清掃です」と、このオーナーさんはおっしゃっていました。「立体清掃」というのは良い言葉だと思います。日常の清掃が大切であるという点については、私も全く同感です。

賃貸経営における清掃は、自宅の清掃とはわけが違います。自分の感覚で「これぐらいでいい」と感じるレベルまできれいにすればいいのではありません。清掃も空室対策の一環であり、入居希望者に「掃除が行き届いている」という印象を与えなくてはならないからです。つまり誰が見ても「わあ、きれいだな」と感じさせなければいけないのです。清掃一つをとっても、そうした発想で取組むことが大事です。

伸びている企業はオフィスの清掃が行き届いています。これは社員の働く環境をベストなものに保とうという経営者の理念、またその会社を訪れてくれたお客様に、きれいな姿をお見せし、きれいな環境で歓待したいという、いわば「来てくださってありがとう」という感謝の気持ちを表してもいるのです。賃貸物件でいえば、訪れてくれた方をお迎えするエントランス、お客様である入居者の皆さんが日常的に使うゴミ置き場や自転車置き場、どこも清掃が行き届いていなくてはなりません。同じように私物を共用スペースに放置させないといった、整理整頓も大事なことです。

日常清掃を徹底し、早め早めの再塗装やリフォームで建物や部屋の美しさを保つことは、空室対策であると同時に、最終的にはオーナーさんの悩みを少なくすることにもつながります。

きれいな室内にこだわって部屋を選ぶ入居者は、自分も部屋をきれいに使おうとするものです。逆に、うす汚れた感じのする部屋を「家賃が安いから」と選ぶ入居者は、やはりご自身も室内の使い方が雑になりがちです。そして「類は友を呼ぶ」というように、人というのはなぜか似たもの同士で集まる習性があります。お花の好きな人がお花の好きな人同士で集まるように、遊び人は遊び人同士、犯罪者は犯罪者同士で集まります。お金持ちはお金持ちでサロンをつくっています。

もしオーナーさんが汚い環境が平気な人で、建物の掃除もきちんとしないで、管理会社もそれに対して何の意見も出さなかったとします。そんな汚い建物に集まってくる入居者達は、どんな人だと思いますか？　そう、オーナーさんと同じように、汚いことに無頓着な人達です。そういう人達が集まると、部屋は汚し放題でろくに掃除もせず、平気でゴミを敷地内に捨てたりして、周囲はますます汚らしく乱雑になっていきます。

物件がそうなったら、きれい好きな人、きちんとした状態が好きな人はもう近付きません。汚れた環境を気にしない人は多くの場合、お金の管理にもルーズな人です。そういう人達が集まると家賃の滞納にもつながってしまいます。

賃貸経営の上手なオーナーさんは清掃だけでなく、先手を打って建物の修繕やリニューアルを行っています。誰もが「汚くなってきたな」「劣化しているな」と感じるようになってからではなく、「まだ新しいな」と思われているときに手を打つのです。先手先手でリフォームし、建物に投資して価値を維持していきます。

オーナーさんが心がけてきちんと清掃するかどうか、キズや汚れをまめに補修するかどうか、早めのリフォームをするかどうかで、良い循環が始まることもあれば、悪い循環が始まってしまうこともあるのです。

4 入居者退去はピンチではなくチャンスである

現在のように入居希望者が好きなだけ物件を見比べられる状況では、「パッと見たときの部屋のインパクト」で、まずは目立つことが大切になってきます。しかし、世の中には似たような間取りや内装の物件が多く、それらは印象に残りにくく、多くの物件を見ていく中で忘れられてしまいがちです。これに対して、壁紙一つでもデザイン性の高いものに変えれば、ほかの物件と差別化ができ、「あの物件はおもしろかったな」と思い出して貰えるようになります。

といっても新築物件以外では、デザインを変えるチャンスは限られています。その意味で入居者が退去した際に行う原状回復工事は、イメージチェンジのための数少ない機会といえます。

「いつもの内装屋に頼んで、元どおりになったから、原状回復は十分」と思うのは、安易な考え方です。入居希望者の心をつかむのは、「ほかより一歩上を行っている部屋」なのです。原状回復の際に一工夫して、平凡な部屋とはひと味違う印象に変えていくことを考えましょう。

色遣いの例を挙げると、白と黒だけで統一したり、白い壁の一面だけをダークブラウンにし、床も白を基調としてアクセントをつけるといった方法があります。こうすると部屋を広く見せる効果もあります。

色については、あまり女性好みの色にしてしまうと、男性は敬遠してしまいますが、反対に男性が好む色については、女性にとってはそれほど違和感がないのが一般的ですので、男性の社会人や学生が好む色遣いを心がけるとよいでしょう。どちらかというと黒みがかった色調の、ダークブラウン、濃いグレー、紺色などです。

印象を強くするという意味では、赤や緑を用いるのも問題はありません。キッチンを青一色でまとめた物件が、すぐに入居が決まったというケースもあります。このときは夏場で、涼しげなイメージが功を奏したようです。そうした季節性を考えることも大切です。

提案力のない不動産屋さんと組んでしまうと、昔ながらの白いクロスを勧められ、「言われるままにリフォームにお金をかけたのに、ちっとも空室が埋まらない」ということにもなりかねません。

原状回復の機会に最新の設備を積極的に採り入れることも大切です。といっても何もかも最新のものに変えることは難しいですから、ポイントを絞って採用していきます。

具体的には、セキュリティ関係が入居決定に効果的です。今では、マンションであればオートロックなどは「あって当たり前」の設備となりつつありますが、テレビ付インターホンなどはまだ一般化していないのでお勧めです。それほど高価なものではない割に、「ここはセキュリティに気を遣っているな」という印象を与えることができます。

ファミリー層では実際に物件を選ぶのは奥様ということが多く、その場合の決め手は水回りの清潔感になってきます。キッチンなどが古びてきたら、装飾用シート（商品名：ダイノックシート、カッティングシート等）を表面に貼ると、それだけで印象がガラリと変わってきます。いくつかの色のシートを用意し、「お好きな色を選んでください」と、入居希望者の好みに合わせて色を変えるといった試みもよいでしょう。

キッチンだけでなくお風呂でも同じようにシートを貼るだけで、それほどコストをかけることなくイメージを一変させることができます。

入居者はお客様なので、部屋は入居者がお金を払う「商品」です。魅力ある商品には人が集まります。魅力ある商品を作ることができれば、ほかの物件との競争に勝って空室期間を短くできるのです。

そのためにはときには費用をかけてリフォームを行い、誰の目にも「わあ、きれい」と思って貰えるレベルまで仕上げなくてはなりません。例えば家賃10万円の物件があって、退去者が出たとします。ここで修繕費5万円で、申し訳程度のリフォームをするのと、それとも思いきって50万円のリフォームをするのと、将来的に見てどちらが得でしょうか。50万円をかけてリフォームし、すぐに次の入居者が決まった場合、使った費用は50万円。これに対して、5万円のリフォームをしたものの、次の入居者が決まるまで4か月かかってしまった場合、機会損失は家賃10万円×4か月＋5万円で、45万円です。一見すると5万円で済ませた方がお得に思えますが、実際にはその逆なのです。きちんとリフォームした場合、それによって物件の価値が高まります。これは新たな入居者が次に退出したときにも効いてきます。

申し訳程度のリフォームでお茶を濁してしまうと、次の退去時にもまた同じことの繰り返しになります。それを続けていくと、物件の価値はどんどん下がっていってしまいます。

リフォームに投じた費用は税制上、経費として落とすことができます。これはリフォームの内容によって一括で落とせる場合もあれば、何年間かに分けて償却する場合もあります。仮に8年間かけて償却するとしても、1年当たり5万円以上が経費として落とせるので、その節税分を考えると、5万円程度の差額は簡単に回収できてしまうのです。もちろんリフォームといってもやたらとお金をかければいいというものではありません。あるのが当然となっているのに今までなかった設備を導入したり、内装を変えてイメージを一新したり、それぞれの物件ごとに手を入れるべきポイントは変わってきます。

5 建物を引き立てる植栽と照明計画の重要性

都内の一等地にたくさんの土地を持っている資産家のオーナーさんが、相続対策として所有地の一つに10階建ての鉄筋コンクリート造のマンションを建てました。十分な建築費用を投じ、外壁に御影石を貼るなど、高級マンションらしい造りでしたが、設計を全て建築したゼネコンに任せてしまったため、今一つセンスが感じられない、垢抜けない建物になってしまいました。

私の想像ですが、50歳代か60歳代のベテランの一級建築士の設計だったのではないでしょうか。重厚感はあるものの、若い人の好みからは外れたデザインになっていました。それでも新築の間はよかったのですが、築7、8年もすると、空室ができた後に埋まるまで2か月、3か月と時間がかかるようになってきたのです。

とはいえ建物はもうできてしまっているので、今さら大きくは変えられません。そこでオーナーさんが目を付けたのが、植栽でした。このマンションは業界用語でセットバックと呼ばれる、道路から建物の入口までに広い空間を持つ配置になっていました。この空間は最初は単に空いているだけだったのですが、そこに大きなモミの木を植え、さらにきれいな花壇をつくったのです。

費用は20万円程度でしたが、それだけで建物のイメージがすっかり変わりました。植物が建物の重苦しさを和らげ、訪れる人を緑で迎える、温かな雰囲気が生まれました。オーナーさんの奥さんが、毎年クリスマスシーズンになるとこのモミの木を電飾で飾り付け、ご近所からも「すてきなクリスマスツリーのあるマンション」と評判になりました。モミの木はこのマンションのシンボルとなったのです。入居者の評判も上々で、1階にテナントとして入っていた美容室の人達も「感じがよくなった」と喜んでいました。

この植栽の工夫は、入居者からも地域からも歓迎されただけでなく、地元の不動産屋さんにとっても、「近所で評判の、大きなクリスマスツリーのあるマンションです」とインパクトのある売り文句ができ、入居率を大きく改善することができました。賃貸経営に成功している「勝ち組」のオーナーさんは、入居者の心をつかむのがうまいのです。常に、入居者のニーズをつかまえようと心がけているからでしょう。

オーナーさんから空室対策の相談を受けたとき、私が現地で真っ先に見るポイントは植栽と照明計画です。

というのも、入居希望者が物件の前に立って最初に目にするのが植栽です。緑の植栽が訪問者を迎えてくれるような建物は、グレードが高く感じられるものです。植栽は初期費用はそれほどかかりませんが、維持するには手間がかかります。世間一般のアパートやマンションでは、建築当初にこそ植栽を計画しますが、その後はきちんと手入れしないで放置している例が多くみられます。最初に植えた木が枯れてしまったのに、植え替えもせずに枯れたままにしてしまい、土がむき出しになっていたりします。さらにそこにゴミが捨てられているようなケースも見かけます。オーナーさんご自身が趣味を兼ねて手入れする

（写真7－2）効果の大きいライトアップ

ことが理想ですが、それができない場合は人に頼まなくてはなりません。けれども空室対策として考えれば、投じた手間や費用以上の効果があるものです。

投じた費用以上の効果が見込めるという点では、照明計画も同様です。照明計画では、昼間見たときには何も問題なさそうだったのに、夜になって問題点が判明するということがあります。とりわけ単身者向けの物件の場合、入居希望者は日中は働いていて、物件を見に来るのは夜になることが多いのです。ところが照明計画がちゃんとできていなくて、建物全体が薄暗かったりすると、印象が悪くなり、入居希望者が離れていってしまう原因となります。防犯上の不安も入居者に感じさせます。

例えば、きれいに手入れをされた植栽が夜間にライトアップされている物件と、薄暗い物件と、どちらが来訪した人の目に魅力的に映るでしょうか？　オーナーさんの目線で見ると「電気代がもったいない」となってしまう照明でも、入居者には全く異なる視点があるのです。そういう点に気がついているオーナーさんは、植栽や照明にも気を配っています。

ライトアップ用の照明器具の価格は1万円ぐらいからせいぜい3万円ぐらいまでで、さまざまな種類が売られています。ＬＥＤライトを使えば消費電力も少なくすませられます。空室に悩むオーナーさんにも、ぜひ研究していただきたい項目の一つです。

植栽と照明計画で物件のグレードアップに成功した例を前頁にご紹介しましたので、参考にしていただければと思います。

6 負の遺産だった賃貸物件が蘇ったケース

父親から相続を受けて新たにオーナーさんとなられた女性とその息子さんが私のところに相談にみえたことがあります。高齢のお父さん、息子さんから見ればおじいさんが亡くなり、５棟の賃貸物件を相続したというのです。

このときの賃貸物件は都内の下町地域にある木造アパート４棟と鉄筋コンクリートのマンション１棟で、どの建物も築20年を迎えようとしていました。ところが、そこから得られる家賃収入が借入金の月々の返済額にも足りず、「借金の返済ができない」というのです。普通は築20年ともなれば、ローンも完済しているか、少なくとも月々の返済額はかなり減ってきて賃貸経営も楽になり、順調に経営ができていればいよいよ黄金期を迎えているはずです。このケースも５棟の賃貸物件の建築費として残っていたローンは３億円程度で、それぐらいであれば普通、キャッシュフローがマイナスになるようなことはないはずでした。

ところが亡くなられたお父さんはそれとは別に2億円ぐらいの借金を抱えていて、借入額の合計が5億円にもなっていたのが返済困難になった理由でした。

その上、亡くなられたお父さんはこの20年間、どの建物にも殆ど手を入れていませんでした。せいぜい入居者からクレームがあったときとか、客観的に見てあまりにひどいところだけをその場しのぎで修繕しただけだったので、建物は築20年という年数をはるかに超えて、築30年ぐらいに見えるほど、老朽化が進んでいました。

そのため全体の2割が空室となっていました。同じ築年数の物件の相場と比べて安めに賃料を設定しても、やってきた入居希望者が建物の古さにがっかりしてしまい、なかなか満室にできなかったのです。

賃貸経営では建物の築年数が新しいうちは毎年の減価償却の額が大きく、それが収入から控除されるので、所得税額が低く抑えられます。しかし築年数を経るとともに償却額が少なくなってきて税額が上がってしまいます。

また、築年数とともに修繕に必要な費用が年々増えていき、空室率の上昇や家賃の値下げで家賃収入は減ってきて、キャッシュフロー的にも苦しくなってきます。このケースでは今のままでも非常に厳しいのに、これから3年後、5年後となれば、いよいよ危機的な状況に陥るのは明らかな状態でした。

相談を受けて私達がまず行ったのは、金融機関に事情を説明し、借換えを行って金利を減額して貰う交渉をすることでした。そのためにキャッシュフローが黒字化するような事業計画書を作成します。まずは家賃収入を増やすために、20％の空室率を3％まで下げることを計画しました。

それには入居希望者に建物の古さを感じさせないよう、現状の建物に手を入れなくてはなりません。一つ一つの建物を診断し、必要な修繕の項目を洗い出します。計算すると、全ての建物をフルリフォームした場合、1棟当たり1000万円、合計で5000万円が必要だと分かりました。しかし、もともとキャッシュフローが苦しくて相談に来られているのですから、そんなお金があるはずもありません。そこでリフォーム屋さんともう一度リフォーム内容を見直し、次の3つに分けて、まずは全体で2000万円分のリフォームを実施することにしました。

- 現状で今すぐ手を入れなくてはならない項目（鉄部の塗装など）
- これから4、5年の間にやるべき項目

・すぐにやる必要はないが、やれば物件の付加価値が高まる項目

その中でも、例えばエントランスのリフォームでは、再塗装するだけでなく一部の外壁にタイル風の素材を使ったり、土間にも一部タイルを埋め込むなど、建物の魅力を増すための工夫を行います。カラーコーディネートを統一感のあるものにするだけで、見た目の印象はだいぶ変わってくるものです。植栽や照明計画など、あまりお金をかけなくてもできることにも積極的にチャレンジしました。植栽については、女性オーナーご本人にガーデンコーディネートの勉強をしていただき、植栽計画を立ててもらったのです。

女性オーナーはこれまで、亡くなったお父さんから毎月10万円のお小遣いをもらっていたのですが、お父さんの死後、「そんな状況じゃない」ということで、お小遣いをゼロにしていました。それで「好きなことが何もできなくなってしまった」と嘆いておられたのですが、ガーデンコーディネートの勉強をして、自ら市場に出かけて木を仕入れたり花壇を整えたりするうちに、ガーデニングがこの女性オーナーの新しい趣味となったのです。

庭にすてきなパーゴラ（ぶどうや藤などをからませる棚）を置き、そこに黄色いバラをからませたり、ある建物ではエントランス全体にバラを植えて、建物の名前もバラにちな

んだものに変えました。この植栽計画が功を奏して、老朽化していた建物のイメージが一変したのです。オーナーさんは今では「植木や花の手入れやアイディア作りが楽しくてしょうがない」と言っています。

こうした努力によって空室率も下がり、家賃収入も持ち直してきました。リフォームのために新たにローンを組まなければなりませんでしたが、その費用は十分に回収することができたのです。銀行も金利の減免に協力してくれることになり、とうとうキャッシュフローの黒字化に成功したのです。こうして、それまではお荷物でしかなかった5棟の不動産は、今では母子の生活を支えるすばらしい建物に変身したのでした。

この女性オーナーは今でもたまに、ご自分で植えた花の鉢植えをお持ちになって、私のところに顔を出してくださいます。私としても植栽計画の大切さを再認識することになった経験でした。

7 賃貸経営向きの外構計画のあり方

ご自分の物件にどういう植栽が似合うのか、どうやって知ればいいでしょうか。

今の日本で植栽について相談するとしたら、植木屋さんということになりますが、植木屋さんは植栽の手入れについての知識はあっても、若い人達の好みを把握したガーデニングができるとは限りません。ガーデンコーディネーターと名乗る人達もいますが、賃貸住宅を専門とする人は少ないのが現状です。しかも、人によりセンスの良し悪しが大きく分かれます。

賃貸経営そのものと同じで、植栽も全て人任せにしてしまうと思いどおりのものにすることは難しく、失敗につながりがちです。まずはオーナーさん自身が植栽について勉強することをお勧めします。何事も自分でやってみて、ある程度できるようになった上で人に任せるのと、最初から任せきりにしてしまうのとでは、出来上がりが全く違ってきます。

植栽にしても、今はインターネットで少し探せばいろいろな知識を身に付けることがで

（写真７－３）賃貸経営向きの外構計画

きます。お手本となるサンプルにしても、少し外を歩けばいくらでも見られます。気に入ったり、参考になりそうなものがあったら、写真を撮って研究するといいでしょう。そうやってオーナーさん自身の見る目を養っていくことです。

賃貸住宅の植栽が一般住宅と違う点は、やはりメンテナンスの手間を考えなくてはならないということです。一般家庭の場合、好きで植えているわけですから、少々手間がかかっても問題はないでしょうし、手がかけられなくてみすぼらしくなってしまったとしても、実害は別にありません。しかし賃貸物件の場合、ひんぱんに手入れが必要な植栽は維持が大変です。きちんとした手入れがされていなければ、かえって貧相な印象を与えてしまいます。そして、どの季節でもそれなりに美しくないといけません。

このように考えると落葉樹は問題が多く、植栽としては常緑樹が中心となってきます。病気に強いこと、日当たりが多少悪くても枯れないような丈夫さが求められます。印象的な植栽を考えるのであれば、先に挙げた例のようにシンボルとなる大きな木を中心として、その周りに低木や花壇を配するというのも一つの考え方です。葉色が濃いものと淡いもの、グリーン系と黄色系のバランス、また日照にも配慮しなくてはなりません。常緑樹を中心にする一方で、紅葉のきれいな樹木を一つ植えたり、初夏に実のなるブルーベリーなど、四季おりおりに入居者の目を楽しませてくれる花や木を配するのもいいでしょう。身近な植栽を見て季節を感じることができるのは気持ちのよいものです。

ライトアップには照明用の電源が必要ですので、最初の設計の段階で、屋外に電源を用意し、また散水用の水道栓を設けるといった配慮が求められます。水道栓にしても、ただの蛇口ではさびしいものです。今はおしゃれな屋外用の水道栓がいろいろあります。さらに、植栽の間にヨーロピアン調のポールライトや、ちょっとした鋼鉄製のオブジェなどがあれば、一段と洒落た雰囲気が出てきます。

植栽や照明を工夫するのは楽しいもので、自分が積極的に取り組むことで賃貸経営の楽しみも増えるし、建物への愛情も湧いてきます。その意味でもオーナーさんが自分で勉強するのが一番なのです。

第8章

賃貸経営立て直し策（4）維持管理と修繕計画

1 けちけちオーナーさんの悲劇

ある近郊都市にお住まいのオーナーさんの賃貸アパートで、大きな事故が起きたことがありました。このオーナーさんは70歳前後で、私のセミナーにもよく顔を出されていた方です。性格的にもとても良い方なのですが、それがある日、「困ったことがあるんですが」と私のところに相談に来られたのです。

「どうされましたか」と聞くと、「弁護士を紹介していただけませんか」と言います。聞けば所有している賃貸アパートの2階の鉄製階段と外廊下が腐食して落下し、宅配便配達人が重傷を負ったというのです。この配達人の方は50歳代で、配達中に鉄製階段とともに2階から落下して頚椎と背骨を骨折し、半身不随になってしまったのです。現在は入院中なのですが、オーナーさんがお見舞いに行っても、「来ないでほしい」と面会を拒否されてしまい、何度行っても会ってくれないとのことです。会社の総務を窓口として、全てそちらを通して話してほしいと言われているそうでした。オーナーさんとしては、いずれ損害賠償の請求があるだろうから弁護士に相談したいとのことでした。

私はまず事故のあった現場を訪ねました。問題の建物は共有の入口を持った2棟の古いアパートでしたが、まず驚いたのは敷地の様子です。人の身の丈ほどもある雑草が一面に生い茂り、築25年という建物がその草ぼうぼうの荒地の中にたたずんでいました。茂った雑草の中には通りがかりの人達が放り込んだらしい空き缶やビニール袋入りのゴミが散乱しています。建物自体も悲惨な有様でした。壁面には雨だれの跡が鉄サビの筋となって地面まで伝わり、建物全体がどす黒く汚れています。オーナーさんはこの25年間、全く手入れをしていなかったのでしょう。

崩落したのは2棟にそれぞれついている鉄製の外階段と、同じく鉄製の外廊下の1つで、2階のほぼ半分が落下していました。鉄部の塗装が剥げたまま塗り直さずに放置されていたので、腐食が進行して内部がぼろぼろになってしまったのでしょう。衝撃で外壁は大きく破損し、また落下した廊下の下には洗濯機置き場があって、そこも洗濯機ごと押しつぶされていました。生々しい血のあとも残されていました。

2階の部屋へ上がるための階段と廊下が落下してしまったため、落下時に2階にいた入居者は外に出ることができなくなり、消防署のレスキュー隊に助けられて脱出したそうです。脱出したのはいいのですが、今度は部屋に戻ることもできません。この入居者は女性でしたが、私達がとりあえず仮住まいを提供することにしました。オーナーさんは、この女性から外階段の落ちたアパートの家賃を貰わず、逆に仮住まいの家賃を持つことになりました。

女性入居者からは、冷蔵庫の中身がそのままになっているということと、衣類なども取りに戻りたいという希望があり、たまたま私達のスタッフに、登山経験の豊富な女性がいましたので、彼女の手伝いで避難用の梯子を2階の部屋に掛け、やっと自分の部屋に入ることができました。なぜかブレーカーが上がって電気が切れていて、冷蔵庫の中の食べ物は全て腐ってしまっていました。当然のことですが、入居者の女性は大変お怒りの様子でした。

こんな状態ですから当然ながら、この物件はもともと入居率も非常に悪い状態でした。そして今回の件で2階に住んでいた別の入居者は、逃げるように退去、ほかの部屋ももう貸すことはできませんから、オーナーさんは家賃収入がなくなった上に、以前の入居者の仮住まいの家賃まで支払わなくてはなりません。

しかもオーナーさんは保険料を節約しようと考えたようで、損害保険にも全く入っていなかったのです。今回の事故は保険の特約などによってカバーできる可能性もあったのですが、一切備えをしていなかったので、今後発生すると予想される補償は全てオーナーさんご本人がかぶらなくてはいけません。

賃貸物件はいわゆる自主管理で、集金を委託することもしていなくて、空室が出るたびに近くの不動産屋さんに客付けしてもらっていました。部屋ごとに、客付けしてきた不動産屋さんが違い、そのために契約書も入居者ごとにまちまちで、しかも、一部の契約書は紛失していて見当たりません。入居申込書の控えなども残っていません。

オーナーさんには奥さんと娘さんがいらっしゃいますが、奥さんは賃貸経営には全く関心もなく、娘さんは結婚して専業主婦で、やはり賃貸経営には興味がありません。それどころか、オーナーさんご自身もただ不動産を所有しているというだけで、賃貸経営にまるで関心がないような状態だったのです。こんな状態のまま物件を次の世代に引き継いだとしても、不幸な結果になるだけでしょう。

オーナーさんから相談を受けた私は、まず応急措置として外階段と廊下を全面的に改修し、併せて劣化した建物に手を入れ、空室対策を行うことを勧めました。また日常清掃も徹底してもらい、生い茂った雑草は全て引き抜き、ゴミは処分して、建物の環境を整えました。手を尽くして入居者を募集し、滞納がちの入居者には丹念に連絡をとって入金をお願いしました。

2棟の建物については、収益をある程度改善させた時点で敷地を2分割し、巨額の賠償請求に備えて1棟を売却する準備を行いました。幸い、オーナーさんは賃貸アパートのほかに、都内に広めの自宅を持っておられました。賠償請求があった場合には、この自宅を賃貸兼用の住居に建替えて生活設計を見直し、補償費用を捻出することとしました。

ただし入院中の配達人の方は、あるいはこの後、後遺症が出るかもしれず、病状が安定するまでは請求額も確定しません。こうなってしまった以上、オーナーさんにできるのはひたすら誠意を見せることだけです。ずっと元気に働いて来られた方が、50歳を過ぎて半身不随となってしまったのです。ご本人にしてみれば、いくらお金を貰おうと取り返しのつかない悲劇です。オーナーさんは何度「会いたくない」と断られても、定期的にお見舞いにうかがい、あるいはお手紙を出し、「申し訳ありませんでした」という気持ちを前面に出さなくては、決して許して貰えないでしょう。

このオーナーさんは大切な資産の運用のやり方を間違ってしまったのです。ご自分の建物に愛情を持ち手間をかけることをしないで、目先の修理費用や保険料を惜しんだために、結果として何千万円、あるいは億単位になるかもしれない損害賠償の請求におびえることになったのです。賃貸経営に必要なコストを惜しんだことが招いた悲劇だったといえます。

2 あなたは建物への愛情をお持ちですか

経営がうまくいかないオーナーさんに一番欠落しているものは、私は「愛情」だと思っています。

愛情は建物をよい状態に保つモチベーションになります。きちんと管理しようという気にならないのは、自分の所有する建物に対する愛情がないからです。もし愛情がなければ、建物に必要なお金をかけることもしないで、「もったいない」で済ませてしまいます。

先のケースとは反対の事例をご紹介しましょう。家賃5万円で、20世帯が入るアパートがありました。この物件のオーナーさんは、自分の所有するアパートをとても大事に扱っていました。日頃から手入れを怠らなかったので、このアパートは築20年を経てもまだまだきれいな状態でした。入居者も絶えず、満室が続いていました。ところがこのオーナーさんは、築20年の時点で1000万円もかけて大型のリフォームを行ったのです。

多くの人は「なんでそんなことをするんだ」と思うでしょう。何もしなくても満室なのだし、いくらお金をかけたとしても、今いる入居者がこれまでより高い家賃を払ってくれることはないのですから。けれどもこのリフォームは賃貸経営上、実は効果絶大なのです。入居者から見れば、自分達が払っている管理費をはるかに超えるお金をかけてリフォームしていることが明らかです。ですから、すごく得をしている気分になります。そうなると、管理について誰も文句を言わなくなります。そしてリフォームで物件としての魅力が一段と増したので、退去する人が出たときにもすぐに次の入居者が現れます。

さらに大きいのは、リフォームによって賃貸物件としてのこの建物の寿命が延びたことです。

築20年のアパートでしたが、1000万円かけたリフォームによって、さらに20年は働いてくれるアパートに生まれ変わったのです。もしこれが、何か問題が出るまで何もしないで、問題が起きたときにも最低限の手を入れることしかしないオーナーさんだったら、アパートは築30年ほどで老朽化し、取り壊すことになっていたでしょう。

ところがお金をかけてリフォームしたことで、築20年からさらに20年間使えるようになったとすると、その差は10年間にもなります。このアパートから得られる賃料は月に100万円、1年間では1200万円。10年間では1億2000万円です。つまりこちらのオーナーさんは、1000万円を投じることで、リフォームをしなかった場合と比べて1億2000万円の収入を手に入れた計算になるのです。

目先では損をしたように見えて、最終的には大きな得になります。まるでおとぎ話に出てくるような話だとは思いませんか？　それも結局は、オーナーさんの建物への愛情が生んだ結果なのです。

3 賃貸経営の貧乏スパイラル

賃貸業界では「賃貸経営の貧乏スパイラル」と呼んでいるのですが、賃貸経営には絶対に陥ってはならない悪循環があります。修繕が後手に回って建物の傷みがひどくなり、見

（資料8－1）

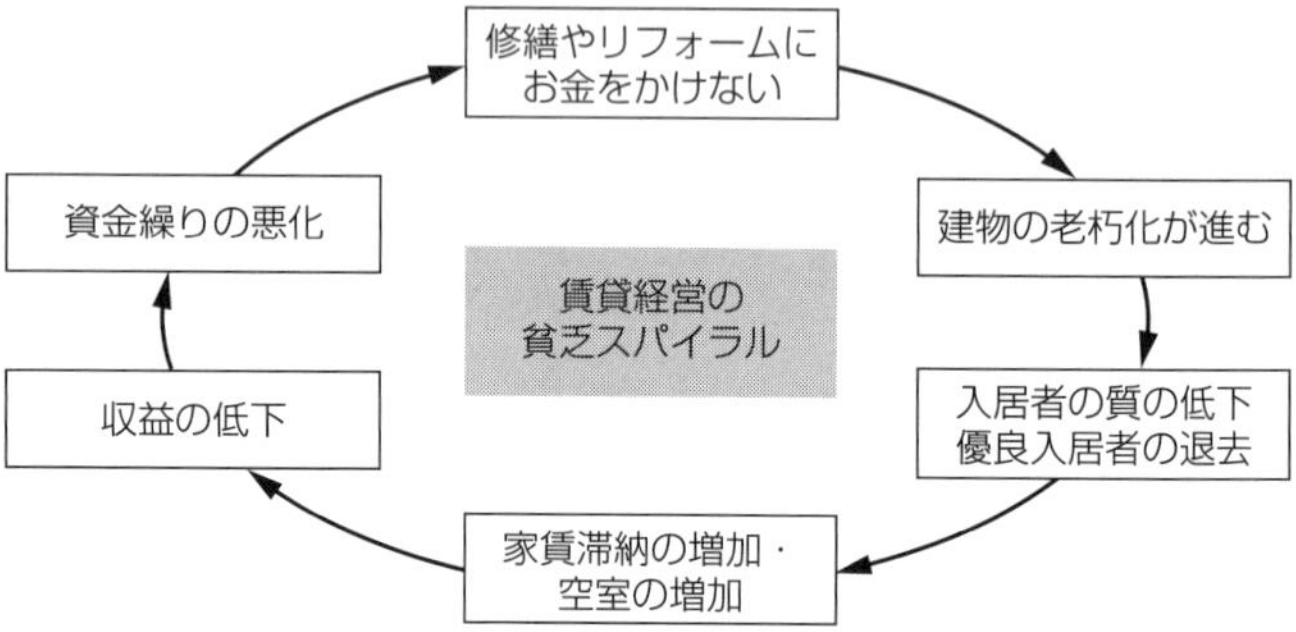

た目もみすぼらしくなってしまうと、入居者の建物の使い方までぞんざいになってきます。意識の低い入居者が集まり、家賃の滞納や空室の増加、家賃の下落という貧乏スパイラルが始まります。きちんと建物の維持管理をしなければ、賃貸経営はどんどん悪い方向に落ちていってしまうのです。これが「賃貸経営の貧乏スパイラル」です。

この章の冒頭の、階段が落ちてしまった事例などはその典型といえるでしょう。修繕や管理の費用を惜しむと、結局はあとからより大きな出費を強いられるか、あるいは問題物件を抱え込んで四苦八苦することになります。

嫌になって売り払おうにも、老朽化してしまうとまともな値段はつきません。賃貸物件の価格査定は収益還元法によるのが一般的ですが、そうした評価は10年、

20年ときちんと経営し続けて初めて成り立つものだと思わなくてはなりません。苦労ばかりで収益も生まず、かといって売るにも売れず、ローンを抱えて身動きもできなくなっているオーナーさんを、私はこれまでに数多く目にしてきました。

ご自分の建物に愛情を持てればそれに越したことはありませんが、それができないとしても賃貸経営をする以上は、「オーナーには建物を維持管理していく責任がある」という意識を持つことが最低限必要です。そうした気持ちすら持てないようであれば、賃貸経営を続けても不幸になるばかりですから、早めにやめて売却するか、あるいは更地に戻して駐車場にでもすることです。

4 先手の修繕がプラスのスパイラルを生む

「賃貸経営の貧乏スパイラル」と反対に、「賃貸経営の安定スパイラル」ともいうべき好循環もあります。ある日突然大きな病気に襲われないためには、日常の健康管理が大切です。建物も同じで、普段のメンテナンスがしっかり行われていない建物は、いずれかの時点で抜本的な大工事が必要になってしまいます。

例えば、建物の竣工後6～8年で行う必要が出てくるのが、鉄部の塗装工事です。塗装面は傷みやすく、鉄部の表面が浮いてきたときは、塗装の内側にサビが発生しています。放置するとサビはどんどん広がり、内部深くまで腐食が進行していきます。そうなったらいくら塗装し直しても、もう元には戻りません。鉄部の腐食による大事故の発生という、先に紹介した事例のようにならないためには、早め早めに再塗装することです。

再塗装では、まだ腐食が内部まで進まないうちにケレン（サビ落とし）をかけてサビや浮きかかった古い塗装を剥がし、サビ止めを丁寧に塗り、さらに二重、三重に塗装を施します。それにより鉄部の寿命が伸びるだけでなく、建物が本来の美しさを取り戻すことになります。

早めの手入れによる美観の維持は入居者の満足度を高め、また新たに部屋を見に来る人にも好感を持って貰え、結果として空室対策ともなるのです。不思議なもので、建物が美しさを保っていると入居者のマナーも向上し、使い方が丁寧になってきます。

必要な修繕やリフォームの費用をしっかりかけることで、築年数は同じでも見た目に古さを感じさせなくなり、手を入れない物件に比べて空室率も低く収まり、より高水準の家賃が維持できるのです。建物としての耐用年数も手入れ次第で変わってきます。オーナーさんに建物への愛情、感謝の気持ちがあれば、その美しさや機能の維持のためにお金をかけられることになります。そして建物はお金をかけた分だけ、オーナーさんに報いてくれるのです。

5 長期修繕計画の重要性

築10年を過ぎて建物にさまざまな補修が必要になってきたとき、それに対するオーナーさんの対応には二種類あります。

一つは「まだまだ使える」と補修を先延ばしにして、後手後手に回ってしまう場合。

もう一つは、実際に故障したり傷んできたりする前に、先手先手で計画的な補修を行う場合です。

どちらを選ぶかによって建物の寿命や老朽化の進行度合いは大きく変わってきます。やがて補修が必要になるのを見込んで費用を積み立てておかないと、いざとなって思わぬ出費にあわてることになります。また適切な補修時期を逃してしまうと、建物や設備の劣化が進んで機能を回復させることがむずかしくなり、定期的な修繕工事に比べて余分な費用が必要になってしまいます。建物や設備のあちこちが故障したりサビてきたりして、年を追うごとに頭痛のタネが増えてくる……、というのは修繕計画が後手後手に回っている状態なのです。それによって賃貸経営に不安を感じるオーナーさんも出てきます。

建物の定期的な補修は賃貸経営の必要経費として織込み済みにして、計画的に修繕を行う方が、経営上も精神衛生上もはるかに健全です。毎年必要となる出費を惜しまないことで、最終的にはその何十倍もの収益の差が出てくるのですから。

一口に「建物・設備の維持管理」といっても、建物と各種の設備はそれぞれ寿命や補修のサイクルが異なります。例えば鉄筋コンクリートの建物構造部分は、税法上の耐用年数が47年となっていますから、その寿命はおよそ40～50年と考えることができます。

それに対して住宅の設備の寿命は、ものにもよりますが一般に7～15年程度となっています。したがって、設備については基本的に消耗品と考えて、あらかじめ予算を立てておおいて、入居者ニーズの変化などに応じて弾力的な更新・グレードアップを進めていくことがポイントになります。

私がお勧めしたいのは建物の長期修繕計画を立てることです。各所の修繕の必要周期に合わせ、長期的で一覧性のある修繕計画を立てることが大切です。具体的には、「建物」「設備」「それ以外」に分けて、建物各所の修繕の必要周期を一覧にし、どの時点でどの部分の修繕工事が必要になるのか、スケジュール表を作成するのです。スケジュール表の期間は20年間以上にわたるので、これを「長期修繕計画書」と呼ぶことにします。

次の表は、そのうち設備の修繕計画の部分を抜粋したものです。定期的に更新が必要な設備には、高所に水を送り出す加圧ポンプやエレベーターの基盤、消防設備などがあります。

修繕は大きく4つのレベルに分けられます。

レベル1 は、小修繕。入居者が日常の生活を送る中で発生する破損、汚損を直していくこと。

レベル2 は、原状回復工事など入居者入替えに伴う工事。入居者が退去した際の原状回復や次の入居者を入れるためのリフォーム。

（資料 8 － 2）建物の手入れ・補修の目安（参考）

項目		周期（年）	備考
塗装・外壁	□鋼製手すり・建具塗替	5～8	風雨の吹き付け状況、道路状況・日照状況による
	□外壁塗替	10～15	吹付塗装（下地補修含む）風雨の吹き付け状況、道路状況・日照状況による
	□外壁タイル修繕	12～15	点検の上、部分補修またはタイル張り替え
防水	□PC外壁目地防水取替	10～15	ウレタン、コーキング取替のみ
	□バルコニー床防水	10～15	目地塗膜防水は別途
	□PC屋根線防水	10～15	床全面急硬性弾性樹脂モルタル塗
その他	□ノンスリップ取替	10～15	使用状況による
	□集合郵便受箱の取替	10～15	ステンレス製が望ましい
給水	□FRP製水槽内面ライニング	15～	メンテナンス状況による
	□給水ポンプ修理	10～15	機械の質、使用状況による（予備も含む）
	□屋内給水管取替	15～20	品質向上のため差がある（地中配管及び共用管も点検）
汚水	□汚水ポンプ修理	5～8	建物の設計状況・メンテナンス状況による
	□汚水処理場・機械装置修理	5～8	建物の設計状況・メンテナンス状況による
	□台所排水管取替	10～15	使用状況による、品質向上のため差がある
	□浴室・洗面所排水管取替	20～	使用状況による、品質向上のため差がある
ガス	□屋外ガス管取替（共用）	20～	建物の設計状況・メンテナンス状況による
	□屋内ガス管取替（専用）	20～	建物の設計状況・メンテナンス状況による

消火警報	□消火ポンプ取替	5～	高層の場合
	□屋内消火栓、配管取替	30～	〃
	□警報設備取替	25～	〃
屋内	□照明器具（共用灯）取替	10～15	白熱灯、蛍光灯設備の取替・使用状況による
	□開閉器取替	25～	主開閉器、共用灯分電盤の取替・使用状況による
屋外	□開閉器取替	15～	引込開閉器屋外灯分電盤の取替・使用状況による
	□照明器具（屋外灯）取替	10～	蛍光灯水銀灯の取替・使用状況による
	□制御盤取替	20～	給水、汚水施設の動力盤の取替・使用状況による

レベル3は、中修繕。建物の状態を維持するための、5年から10年単位で行う中期的な修繕。これには水道の加圧ポンプなどさまざまな設備機器のメンテナンス、鉄部の再塗装、外壁の目地部分のシーリングの交換などがあります。修繕工事の基本は、設備や建物を竣工時の性能に回復させることです。この表の修繕周期は各種データや耐用年数をもとに算出したものですが、思ったより劣化が早い場合など、必要な時期には修繕計画の見直しも必要となります。

レベル4は、長期計画に基づく大規模修繕です。竣工後15年ぐらいとなると、外壁の吹付け部分の全面塗装、バルコニーの防水工事や手すりの塗装工事、屋上防水工事など、足場を組んでの大がかりな工事が必要となってきます。

できれば少し早めに計画し、各種の修繕を一度にまとめて済ませると、費用の節約にもなり、賃貸物件としての競争力を保つことにもつながります。

ですから、築15年から20年のスパンで大規模修繕を行うことを予定しておき、そのための費用を準備しておくべきでしょう。大規模修繕までを念頭に入れて、定期的・計画的に修繕を行っていくためには、早いうちから真剣に考えないと間に合いません。長期修繕計画書は、オーナーさんの大切な資産である賃貸住宅を末永く健康な状態に維持するために、とても役に立つ資料となるでしょう。

6 リノベーションのサプライズ効果

計画的なオーナーさんは、築12～13年ぐらいから足場を組んでの大規模修繕を想定し、そうした工事の得意な建築会社と相談して見積りをとったり、必要な修繕費用を用意したりして備えています。この大規模修繕のときに遊び心というか、ちょっとしたサプライズ、リノベーションを加えていくことが、物件の魅力を保ち空室を減らすポイントとなります。

賃貸物件の寿命には建物の性能だけでなく、その外観的な魅力も関わってきます。しっかり作られた鉄筋コンクリート造の建物であれば、大胆なリノベーションを実施することで、例えば築35年の賃貸物件の寿命をさらに20年、30年と延ばすといったことも可能となります。

ある大型の鉄筋コンクリートマンションの女性オーナーさんは、築14年、私の目から見ても「まだ早いでしょう」というタイミングで、大規模修繕とリノベーションを始めました。私もデザインなどでお手伝いをしたのですが、もともと十分に魅力的な建物だったので、「リノベーションはまだいいんじゃないですか」と言うと、こちらのオーナーさんは、「いいえ谷崎さん、これは私の寿命と建物の寿命の競争なんです。私、あと30年生きる予定ですから、この建物にもあと30年稼いでもらわないと困るの」とおっしゃいました。

このときのリノベーションは全体で３５００万円ほどを投じ、エントランスから部屋の入口にいたるまで全て新しい材に交換する大がかりなもので、足場が外れたとき、建物は新築と見まごう真新しさを漂わせていました。まず喜んでくれたのが、既に入居している人達です。

「オーナーさんはいつも建物をきれいにしてくれているけれど、そればかりでなくこんな大きな工事をやって新しさを保ってくれた」と感激していただき、おかげでこのマンションは築15年目に入った今も、周囲の新築物件と変わらない賃料を維持しています。

こちらのオーナーさんは日頃から自らエプロンをつけて、共用スペースに毎日花を飾ったり、植栽の手入れをされています。早めのリニューアルもそうしたオーナーさんの高い意識と、建物への愛情の表れといっていいでしょう。

7 大地震は必ずやってくる

２０１１（平成23）年３月の東日本大震災により、耐震性についての関心が高まっています。耐震性については建物の構造も大切ですが、地盤の状態やそれに応じた基礎工事が行われたかどうかが大きな問題となってきます。

日本では１９８１（昭和56）年６月に建築基準法の耐震基準が大幅に改定されました。それ以前に建てられた建物の多くは、今よりも緩い基準に則して建築されています。１９９５（平成７）年の阪神・淡路大震災では、６４３３名の命が失われましたが、その80％が建物の倒壊によるもので、倒壊した建物の殆どが１９８１（昭和56）年以前に建てられたものでした。

そのような建物の場合、建築前の地盤の調査などもあまり行っていません。ですから築年数の古い賃貸物件については、建物の耐震性を診断して貰い、ご自身の土地がどういう地盤なのか、それに対してどんな基礎工事を行っているのかを知っておくべきです。

診断の結果、建物の耐震性が不足していると分かったら、大規模修繕などの機会に合わせて必要な耐震補強を行いましょう。ただし、建物の耐震補強を行っても、基礎については後から補強することはできません。ですから1981（昭和56）年以前に建てられ、調査の結果、基礎工事に問題があると分かった建物では、早めの建替えを検討すべきでしょう。

「喉元過ぎれば熱さを忘れる」のことわざがあるように、耐震問題のセミナーなどでも、大きな震災の直後にはたくさんの人が参加されますが、2年、3年と経つうちに、皆さん興味を失うのか、参加者数は減少していきます。けれども、日本は世界の地震の3割が発生するといわれるほどの地震列島です。そこに住む以上、耐震性はどんなに重視してもしすぎることはありません。自分の生命と財産を守ってくれるのは建物なのですから。

オーナーさんは耐震性に十分な配慮をした建物を建てるとともに、その安全性の情報を入居者にも提供し、「地震でも安心な建物ですよ」と胸を張って言えるくらいの意識を持つようにすべきでしょう。

阪神・淡路大震災では、古い建物で被災して亡くなられた若い入居者の親御さんが、建物のオーナーさんを訴えるケースが多発しました。これらの判決を見ると、地震により賃

（写真8－1）阪神・淡路大震災での建物倒壊

【出典】神戸市HP 阪神・淡路大震災「1.17の記録」から

貸用の建物が倒壊し、入居者が亡くなられたり怪我をした場合に、オーナーさんの法的責任が認定されたケースがいくつかあります。対象の建物だけでなく、その周囲の建物の半数以上が破損しているような場合には、所有者の責任は問われていないのですが、周囲の建物の大半が無事なのに、その建物だけが破損してしまったというケースでは、オーナーさんの責任を認め、賠償を命じられている例が見受けられます。

建築当時の耐震基準を満たしているといっても安心はできません。現代の基準に合った耐震補強をやっていないと、オーナーさんが責任を問われるリスクもあるということです。

【巻末資料】１９９９（平成11）年９月20日神戸地方裁判所判決「阪神・淡路大震災の建物倒壊で貸主責任を問われた判決」をご参照ください。

オーナーさんへの愛のワンポイント No.4

ほっと一息

見積り依頼をしすぎたDさん

公益社団法人東京共同住宅協会にご相談にいらっしゃった60歳代の女性オーナーDさんは、築35年の老朽アパートの建替えを検討されていましたが、どのハウスメーカーにお願いすればよいのかで悩み、ご相談にいらっしゃいました。

早速、ハウスメーカーから提案を受けているという資料を拝見しましたが、その膨大な資料の数には大変驚かされました。Dさんは何と20社ものハウスメーカーや建築会社を天秤にかけており、各社のパンフレットや事業計画書などを大きな段ボール箱に詰めてお持ちになったのです。資料を確認すると、Dさん自身の考えが定まっていなかったということもあり、プランの方向性はすべてバラバラで、自己資金も0円のものから3,000万円のものまであります。また、作成時期についても、最近のものから古いものでは2年前のものもあり、長い間、さまざまな会社を比較していたようです。

あまりに多くの会社を見てきたDさんは、疲れ果てて相談にいらっしゃったようですが、それは会社の担当者も同様です。私は、「Dさん、いくら何でも節操がなさすぎですよ。営業さん達も注文をいただけると期待して来ているのですから、せめて3～5社くらいに絞ってあげないとかわいそうです」とお伝えしました。

やはり、Dさんが複数に声を掛けていると察して、提案をしてこなくなった担当者も多くいたそうです。

土地活用は結婚相手選びにも似ています。多くの相手を手玉にとってしまえば、本当に素晴らしい人はほかに行ってしまうものです。誠実な相手をパートナーに選びたいのであれば、やはり、自分も誠実に相手と向き合う必要があります。土地活用に限らず、仲介や管理、リフォーム会社を選ぶ際にも同じことがいえますが、あまりに多くの相手に声を掛けてしまうのは禁物なのです。

その後についてですが、Dさんのケースでは、そもそも建替えか、リノベーションするべきかの根本的な比較が必要でした。相続など将来設計を考えた結果、リノベーションして再構築を図った方が、収益面でも有益であると診断し、くたびれた見た目の古い賃貸マンションは、お洒落なエントランスとスタイリッシュな内装の人気物件として生まれ変わり、今では満室の人気物件となっています。

相変わらず活発なDさんは、最近も複数の収益不動産のパンフレットを取り寄せたようで、どの物件を購入しようかと楽しそうにお話しになっていました。

第9章

賃貸経営立て直し策（5）
事業パートナーとの付き合い方の見直し

1 仲介会社との付き合い方の見直し

（1）複数の仲介会社に募集を頼む場合の問題点

オーナーさんの中には、賃貸経営のコストを最低限に抑えるために、建物の清掃から退去時の原状回復工事、家賃の集金など、賃貸経営に関わる業務全てを自分一人でやっている方もおられます。こうしたやり方を「自主管理」と呼びます。

自主管理の場合でも、空室が出た場合の入居者募集については地元の不動産仲介会社に依頼するのが普通です。この入居者募集の実務を代行してくれる仲介会社が、一般にいう「不動産屋さん」です。

オーナーさんから直接入居者探しを依頼された仲介会社を「元付け会社」、入居者を紹介する仲介会社を「客付け会社」と呼ぶ場合もあります。1社が2つの役割を行うこともあり、別々の会社がそれぞれの役割を行うこともあります。

自主管理で入居者募集を仲介会社に依頼する場合、複数の仲介会社に頼むスタイルは以前には普通のことでしたが、これを「一般媒介」といいます。

賃貸物件が不足し、オーナーさんが空室に悩むということがなかった時代には、複数の仲介会社に「早い者勝ち」で入居者を募集させても、それほど問題は起きなかったのです。しかし、現在のように物件が入居希望者によって選ばれる時代になってくると、複数の仲介会社で募集するよりも、決まったパートナーに募集を依頼した方が、早く空室が埋まるケースが多くなっています。

複数の会社に募集を頼むと、それぞれの仲介会社から見れば、広告等にお金をかけても自社で入居させられなかった場合、そのコストは丸損になってしまいます。そうなると各仲介会社はどうしても「募集にあまりコストはかけられない」という意識になります。ですから、募集広告などもなかなか打ってくれません。複数の仲介会社に募集を頼む場合、オーナーさんが自分で賃貸借契約書を用意していなければ部屋ごとに契約内容が違ってしまったり、入居申込書も仲介会社に写しをもらって保管しておくようにしないと、オーナーさんの手元に残らなくなってしまうといった問題もあります。

入居者募集だけを頼んでいる仲介会社はオーナーさんの日常経営にまで責任を負っているわけではないので、家賃滞納などのトラブルの際に助言こそしてくれても、動いてくれたりといったことは普通はしません。オーナーさんの中には、「入居者を連れてきた不動産屋が何もやってくれない」と文句を言う人がいます。「入居者を斡旋したくせに」というのですが、それを理由に不動産屋さんを責めるのは、お門違いというものです。仲介会社にしてみれば、「私達は入居者を入れるのが仕事で、その後の月々の集金についてまでは関与していません。入居者とオーナーさんとが直接契約を結んでいるので、私達は責任を持てません」ということなのです。

「あんたが斡旋してきた○○号室の××さんが家賃を滞納してるんだ」と文句を言っても、「そうですか」と、入居者に電話の一本を入れるくらいがせいぜいです。そして電話しても出なかったら、「なかなかつながらないんですよ」でおしまいです。

仲介だけを頼んでいる場合でも、建物が新築のうちは、希望者を連れていけば入居がすぐに決まるので、不動産屋さんもオーナーさんをちやほやしてくれます。けれども築10年を過ぎると様子が変わってきます。建物が古くなってくると入居も決まりにくくなるので、新築の頃には「早い者勝ち」で競って入居希望者を連れてきてくれた不動産屋さんも、なかなか目を向けてくれなくなるのです。

オーナーさんがきちんと修繕計画を立てて建物の美観を維持していればまた話も変わっ

てくるのですが、一般的には建物の老朽化とともにオーナーさんと不動産屋さんとの間には温度差が出てきます。相談に来られるオーナーさんの多くは、そうしたことをきっかけに仲介会社との間の信頼関係が崩れていって、お互いに不信感を持ったり、ときには敵対しているようなケースすらあります。

（2）悪質な仲介会社で苦労したケース

仲介会社がオーナーさんに入居希望者を紹介することを、業界用語で「客付け」と呼びます。自ら管理業務を行っていなくて、オーナーさんに対して家賃保証もしていない不動産会社は、空室が長く続いたからといって自分達が痛みを感じることはありません。

一方で入居者を仲介すれば手数料が貰えますから、それを目当てに、オーナーさんの空室を埋めることよりも、自分達の手で入居者を入れることを優先してしまう場合があります。

ある不動産会社がご近所のオーナーさんから客付けを頼まれました。この場合、専任ではなく、オーナーさんはほかの不動産会社にも入居者の募集を頼んでいました。ところが自社で客付けして手数料をとりたかったこの不動産会社は、やってきたお客様に「早く押さえておかないとほかの人に取られてしまいます。申込みしても、後から電話一本でキャンセルできますから」とせかして、まだお客様が最終決定していないうちに申込書を書かせ、それをオーナーさんへファックスしていたのです。そんなことをする理由は、他社経由での募集をオーナーさんに止めさせるためです。

律儀なオーナーさんは申込みがあるとその都度、ほかの会社へ募集の休止を伝えていました。しかしまだ部屋探しを続けていた申込客は、結局、ほかの物件を選び、申込みをキャンセル。そんなことが何度もあり、そのたびに募集を止めていたオーナーさんは、結果的に大事な繁忙期を逃して、空室を抱え込むことになってしまったのです。何度も申込書を送ってきたこの不動産会社は、おそらくオーナーさんの目からは、客付けのために活発に動いてくれていたように見えていたでしょう。

ところが実際はその反対でした。自分が仲介手数料をとりたいがために、まだ気持ちの決まっていないお客様に無理やり申込書を書かせ、まじめなオーナーさんの足を引っ張っていたのです。とりわけコミッション制（歩合制）を採用している不動産会社の場合、営業マンがオーナーさんや入居者の都合よりも自分の成績を優先し、不誠実な行動に走ることもあると考えなくてはなりません。

（3）一つの仲介会社だけに募集を頼む場合の問題点

自主管理で入居者募集を仲介会社に依頼する場合でも、入居者募集は複数の会社に依頼するのではなく、1社だけに頼むというオーナーさんもいます。入居者募集を1社だけに頼むことを、「専任媒介」と呼びます。専任媒介で頼む場合は、不動産屋さんには確実に仲介手数料が入りますから、募集広告なども気兼ねなく打てるようになります。

一方でしばらく入居者が見つからなくても、不動産屋さんは別に困りません。他社に先を越されるということもないわけですし、何か月か空室が続いたとしても、最終的に入居者が見つかれば、確実に手数料が入ってくるからです。ですからたまたま専任で頼んだ不動産屋さんがオーナーさん本位とはいえない姿勢で、熱心に入居者を探してくれない場合、オーナーさんはなかなか空室が埋まらずに苦労することになります。

空室を素早く埋めるためには、やはり仲介会社の営業力や担当者の熱意が大切になってきます。熱心な業者さんは提案力もあるし、一人一人のお客様に対して真剣勝負で臨んでいます。そういう人が見つけてきたお客様を連れてきて、「なんとしても契約していただきたいので、ここは家賃を下げてください」と言ってきたら、オーナーさんも「うん、分かった」となるものです。そうしたスピリッツというか、「満室魂」があるかないかで、入居率が変わってきます。

これがやる気のない担当者だと、オーナーさんに対する交渉もきちんとできません。

「先日見に来た人が、家賃交渉したいと言っているんですけど……」

「家賃下げるのは嫌だなあ」

「そうですよねえ」

といったやりとりだけで引っ込んでしまい、お客様を逃してしまうことになります。オーナーさんはその場は自分の意見が通ったことで満足するかもしれませんが、結局はそのせいでそれからまた長いこと空室が続き、入るはずだった家賃収入を逃すことになってしまうのです。

専任媒介であれ一般媒介であれ、入居者の仲介だけを頼むというスタイルでは、空室が長く続いた場合に損をするのはオーナーさんだけなのです。物件の管理業務を任せていない限り、専任で頼んでもなかなか真剣に入居者募集をやってはくれないのが実情です。中にはお調子者の担当者もいて、「空室が出たから、募集頼むよ」というオーナーさんに対し、口では「がんばります!」と威勢がいいのですが、その後、1か月経っても何の反応もなかったりします。オーナーさんがじれて電話をすると、「いや、一生懸命やってるんです

（資料９－１）社員教育の良くない事例

１．募集を依頼している仲介会社を訪問
　ある建物オーナーが長年入居者の募集を依頼している地元の仲介会社へ出向いたときのことです。店内は暗い雰囲気で、「いらっしゃいませ」の挨拶も聞こえません。
２．建物オーナーを知らない従業員
　オーナーが窓口の椅子へ腰掛けると、やがて出てきた従業員が、「何でしょう？」と聞いてきました。

　オーナーが「〇〇だが」と名乗ると、聞いたこともないという顔で、「え？どちら様でしたっけ？　何のご用ですか？」と聞き返してくるのです。

　このとき、オーナーは気付いたのです。「この会社、物件を探しにきたお客様にも、こんな応対をしているのだな」と。こんないい加減な応対をしていては、お客様が腹を立ててしまいます。

「どうりでウチのアパートの空室も、いつも埋まるのが遅いわけだ」そう言い残して、オーナーはその仲介会社を後にしたのでした。
３．新会社に切り替えて時折訪問
　空室が多く、なかなか部屋が埋まらないので苦慮していたオーナーはすぐにこの会社との契約を打ち切りました。そして同じ失敗を繰り返さないために、新たに契約した会社には時折、直接、訪問することにしました。

が」と、募集がうまくいかない理由をいろいろ並べ立てて、また「がんばります！」という返事。こういう担当者は要するに口だけなのです。例えば「あちこちのインターネットのサイトに登録していますから」と言いながら、実際には全くやっていなかったり、一つだけだったりします。不誠実な仲介会社や担当者のために、それが原因とは気が付かずに空室に悩んでいるオーナーさんも多いのです。

　もちろん中には、オーナーさんと同じ立場に立って、一緒に悩み、考えてくれる不動産屋さんもあります。これはそれぞれの不動産屋さんの社風や、担当者の性格によります。

2 管理会社との付き合い方の見直し

(1) 自主管理は必ずしも得ではない

一般的な管理システムは四つあります。自主管理、集金管理、滞納保証及び家賃保証（サブリース）です。この中からどの管理形態を選ぶかは、それぞれのオーナーさんの事情や考え方次第です。ほかに仕事があるサラリーマンオーナーさんと、時間的な余裕のある専業オーナーさんでも違ってくるでしょう。

ひと昔前までの賃貸経営では、全ての業務をオーナーさんが自分でやるという自主管理が一般的でした。今でもそうした昔ながらのやり方で賃貸経営を行っているオーナーさんはたくさんおられます。自主管理はコストという面では安上がりです。反面、リスクは全てオーナーさんが背負うことになります。クレーム対応もオーナーさん自身で行い、不良入居者への対応も自分でやらなくてはなりません。こうした管理業務の全てをオーナーさん一人でやろうとするのは、かなり大変なことです。手間と時間をとられるというだけでなく、オーナーさんはそれぞれの業務に関して専門家ではないため、どうしても甘い部分が出てきてしまうのです。その結果、入居者とトラブルになるなどの問題が起きて、苦しむことが多くなります。

とりわけ素早い判断ができなかったり、コミュニケーション能力に問題があったり、上から目線だったりするオーナーさんは失敗するケースが多いものです。家賃滞納された場合も、オーナーさんに、自分できちんと応対し、不良入居者と渡り合う覚悟があればよいのですが、家賃を回収する自信が十分にないのであれば、回収のプロである不動産管理会社に集金を委託するべきでしょう。

黙っていても入居者が来てくれた時代にはオーナーさん一人で取り仕切っていても問題は少なかったのですが、今のような賃貸経営の冬の時代には、何かあったときに親身になって相談に乗ってくれる、信頼できるパートナーを持つ方が安心できます。入居者の募集だけでなく、集金から契約更新などのソフト面の管理業務を一つの会社に任せてしまうことが長期の健全経営につながります。

管理業務の委託には、三つの方式があります。

①集金管理：オーナーさんに代わって家賃回収を代行し、万一、滞納が発生した場合は、督促などの回収業務を行ってくれるもの。

②滞納保証：家賃滞納が発生して督促などの回収業務を行ったが家賃回収ができなかった場合、管理会社が立替えてオーナーさんに滞納分の家賃を支払ってくれるもの。

③家賃保証：滞納家賃の保証だけでなく、空室が発生した場合の家賃まで保証してくれるもの。

家賃保証に似ているものにサブリースがありますが、内容は少し異なります。両方とも毎月の家賃が保証される点では同じですが、契約内容が違います。サブリースは一括借上げのことで、家賃保証は家賃がちゃんと入るように保証しますということです。サブリースは、いったん、管理を行う会社が物件を借り上げて、その物件を別の入居者に転貸するものです。

地域によっても違いますが、滞納保証を伴わない集金管理のみの委託であれば、管理手数料はおよそ家賃収入の3～5％程度で済みます。集金管理に加えて滞納保証をつけると

（資料９－２）管理システムの種類

一般的な管理システムの比較（会社により相違あり）				
項目	自主管理	集金管理	滞納保証	サブリース家賃保証
管理報酬（月額）	なし	賃料等の3～5%	賃料等の5～6%	賃料等の10～15%
敷金の扱い	オーナー取得	オーナー取得	オーナー取得	管理会社預かり
礼金の扱い	オーナー取得	オーナー取得	オーナー取得	管理会社取得
更新料の扱い	オーナー取得	オーナー取得（更新手数料控除）	オーナー取得（更新手数料控除）	管理会社取得
賃料支払開始	集金開始より	集金開始より	集金開始より	免責期間後より
空室時の賃料保証	×	×	×	○
滞納時の賃料保証	×	×	○	○
クレーム対応	オーナー	管理会社	管理会社	管理会社
入居者審査	オーナー判断	オーナー判断	管理会社とオーナー判断	管理会社判断

5～6％となり、空室が出た場合の家賃保証までつけた場合には10～15％となります。その代わり集金管理、クレーム対応、退去時の立会い、現状回復の見積り、空室が出た際の募集、新しい入居者との契約、引渡しなど、全ての業務に関してサポートしてくれます。いわば賃貸経営におけるオーナーさんのパートナーとなってくれるわけです。

ただ全ての賃貸業務を特定の不動産管理会社に委託すると、オーナーさんから見れば管理会社に対する依存度が非常に高くなってしまいます。どんな相手をパートナーに選ぶかで大きく満足度が変わってくるので、選び方が大切になってきます。

(2) 経営を左右する管理会社選び

管理業務一切を不動産管理会社に任せていても、苦労しているオーナーさんは大勢います。その多くは一言で言えば、選んだ相手がよくなかったのです。管理会社を選ぶとき、いくつかの管理会社に話を聞いて、仕事内容や印象を比較した上で選ぶというオーナーさんは少数派です。賃貸経営を勧めてきた建築会社に言われるままに、その建築会社の系列の管理会社に委託するか、あるいはたまたま知り合いがいたり地元に店舗がある会社に頼んだりするケースが大部分でしょう。しかし管理会社は、賃貸経営を行うオーナーさんにとって最重要のパートナーです。安易な気持ちで決めてしまうと、後で後悔することになりかねません。

アンケートにも挙がっていた入居者の退去原因の一つに、現状の管理体制への不満があります。その典型がクレームを出したときの対応の遅さ、あるいは対応した人の態度が真摯でなかったといったものです。入居者にそうした不満がある場合も、原因がオーナーさんの経営姿勢にあるとは限りません。管理を代行している管理会社に問題があることも非常に多いのです。

管理会社の仕事ぶりは千差万別で、なすべき仕事をきちんとやってくれない業者も多いのです。というより全てちゃんとやってくれる管理会社の方が珍しい存在です。私の知る限り、管理会社の半数以上はずさんな仕事をしています。社員同士でちゃんと連絡を取り合っていなかったり、大事な問題をオーナーさんに報告するのを忘れていたり、必要なリフォームの手配をしていなかったり、すぐやらなければならない仕事なのに忘れたり、後回しにしているというケースがたくさんあるのが普通なのです。

いったん一つの管理会社に業務を委託してしまうと、仕事ぶりに不満だからといって、契約を解消することは簡単ではありません。中には管理委託契約を結ぶときに、多額の違約金を払わない限り解約できないといった条項を入れてくる悪質な管理会社もあります。このような現実があるので、大切な賃貸物件の管理会社を選ぶ際には、いくつかの候補の中から慎重に選択することをお勧めします。

とはいえ、慎重に選ぶといっても、どのような基準で選んだらよいのか、慣れていないオーナーさんには判断できないでしょう。以下では管理会社のなすべき業務を見ていききながら、良い管理会社とはどういうものか、どこで良い管理会社とそうでない管理会社を見分けるのかを考えてみます。

管理会社の重要な役目の一つが、空室対策です。既存の入居者が退去し、空いてしまった部屋にどうやってすみやかに新たな入居者に入っていただくか。そのためにどういう手を打つか。退去があった場合、それに対応して管理会社が入居者のターゲットを明確にした募集体制をすばやく敷くことができるかどうかで、その後の空室期間には大きな差が出てきます。入居者が契約更新をしないと決めたとき、「退去します」という最初の一報を受け取るのは管理会社の担当者です。管理会社の良し悪しは、まず退去の連絡を受けた際の最初の対応に表れてきます。

9割以上の管理会社は「はい、分かりました」で終わりにしてしまうのです。これは通り一遍の対応といえます。より望ましい対応は、退去の理由を聞き、可能であれば慰留をすることです。「退去します」という申出があったならば、まずは「それは残念ですね。何か私どもにご不満がありましたか」と理由を尋ねなくてはなりません。

そしてそのとき「ちょっと家賃が高いので」といった返答があったとしたら、「ちょっと待ってください。それでしたら私どもで、オーナーさんと交渉してみましょうか」と提案しなくてはなりません。退去する入居者がトラブルメーカーで、早く出ていってほしいといった場合は別として、きちんと家賃を払って、周囲と揉め事を起こすこともなくつつがなく暮らしていた入居者であれば、オーナーさんとしてはそのまま住み続けてほしいはずです。

退去があり、それから新たな入居者を募集する場合、原状回復やリフォーム工事の費用、募集図面の作成や募集の費用など、いろいろなコストが発生します。そして募集してもすぐに空室が埋まるとは限らないので、場合によっては数か月の機会損失が発生します。そうしたコストやリスクを考えると、多少の値引きはしてもそのまま現在の入居者に住み続けてもらった方が、オーナーさんにとってメリットが大きいのです。ですから本当にオーナーさんのことを考えている管理会社なら、ここは「交渉の余地がありますよ」と入居者に伝えなくてはなりません。

（3）提案力で差がつく入居者獲得能力

退去の理由や今の物件への不満について尋ね、慰留したとしても、実際には退去理由の大部分は入居者にとっても不可抗力の事情です。ですから多くの場合はそのまま退去、引越しとなります。その場合でも管理会社がすべき仕事はたくさんあります。

まずはオーナーさんに解約の申入れがあったことをその理由と一緒に報告し、賃貸契約解約の申入書をきちんと文書の形で受け取ることが必要です。解約の申入れが正式にあると、入居者は契約書に定められた期間内に退去することになります。その間に管理会社は次の募集の準備をします。準備にあたっては募集計画をどうするのか、賃料の設定をどうするか、リフォームの必要はあるかなどオーナーさんへの報告・連絡・相談は欠かせません。

賃料についても、「前の入居者の家賃は月6万円だったから、次回も同じ額にしましょうか」ではだめです。というのも前回の募集時から今までは数年間を経ているわけで、その分、物件の築年数も経過していますし、周辺の賃貸市場の状況が以前と同じとは限らないからです。

前回の募集時から今までの間に近くに大型マンションができて、同じ価格帯で競合するようになっているかもしれません。募集賃料の決定には市場がどうなっているのか、きちんとしたデータに基づいたマーケティングが毎回必要なのです。

そうした調査の時間まで考えると、退去があった場合、管理会社は一日も無駄にせずに動かなくてはなりません。きちんと市場調査を行った上で、管理会社はオーナーさんに空室をできるだけ早く埋めるために必要なアドバイスをします。

「競合が激しいので、値下げが必要になるかもしれません。月の家賃について2000円程度の価格交渉権を私どもにいただけませんか」とお願いしたり、あるいは、「前回の入居者さんが長いことお住まいになったので、ここは思い切って水回りをリフォームして、家賃アップを狙いませんか」といった提案を行っていくのが、あるべき管理会社の姿です。

例えば、これまでは必ず連帯保証人を求め、敷金と礼金も何か月分かいただいていた物件でも、築年数が経ったり近隣物件との競合が激しくなった場合には、前と同じ条件というわけにはいかないこともあります。

最近は保証人代行制度が生まれていますから、必ずしも連帯保証人がいなくても大丈夫ですし、周辺の物件と差別化するために、あえて礼金ゼロを打ち出すといった発想も大事です。礼金は首都圏でも最近では家賃1か月分相当にまで減ってきています。ということは、礼金をなくすことで1か月早く空室が埋まるなら、トータルの収入としては変わらない計算です。よい管理会社とは市場の状況に応じてそうした提案を行い、空室によるオーナーさんの収入減を最少に抑える工夫をしてくれる会社です。

（資料9－3）キャンペーンチラシ見本

提案力のある管理会社は、空室対策についてもいろいろな引き出しを持っています。例えば成約者へのプレゼントキャンペーンという方法があります。その際も、ただ「ご契約いただいたお客様に○○をプレゼント！」とするのではなく、費用がほぼ同額のA、B、Cの3つのプレゼントを用意し、その中からお好きなものを選んでいただくといったやり方を考えてくれます。

例えば、Aはウォシュレット、Bはリビングの照明、Cは好きな柄のクロスへの張替えなど。最近では浴室用のテレビ（数万円）も好評です。当面の入居者に喜んで貰えるだけでなく、それをプレゼントすることでそれ以降も部屋の付加価値を上げることができるような設備だと一石二鳥です。

「フリーレント（賃料無料）」といって、「今契約された方には、1か月間の家賃無料！」といったキャンペーンもあります。フリーレントの期間は一般に1〜3か月です。要は入居者に何かしらの経済的なメリットを提供し、同時にそれを中心としたキャンペーンを打ち出すわけです。

あるオーナーさんは、管理会社の提案で定期借家制度を利用して、「1年間だけ家賃を値下げします」というキャンペーンを打って空室を埋めることに成功しました。この方法では、例えば本来なら月に6万3000円の家賃をいただきたい物件について、「1年間だけ特別に5万8000円でOK」とするのです。その1年間についてはお試し期間のような扱いで、定期借家契約とし、1年経って入居者が部屋を気に入っていたら、家賃を6万3000円として再契約するわけです。逆に入居者が「この部屋に月6万3000円の価値はない」と思えば、再契約しないで退去することができます。

こうした方法は、部屋探しをしている人に関心を寄せて貰うには効果的です。1年間限定であっても相場より1割安いと、募集サイトの媒体でも安さで注目を集めることになるからです。家賃を1割下げるということは、経営という面から見ると、1年に1月ちょっとの間、空室であったのと同程度の収入減となります。つまり1か月のフリーレントを提供したり、あるいは不動産屋さんにこっそり家賃1か月分相当の仲介料を渡したりするのと同じ程度の負担となるわけです。こうした管理会社の差配一つで、経営状況はどんどん変わっていきます。

（4）管理会社の能力を見極める

管理会社の重要な仕事の一つが募集図面をつくり、それを部屋探しをしている人の目に触れるよう、多数の媒体に掲載することです。立地も悪くなく、賃料も適正、物件管理もしっかりと行っていて、それなのに空室が埋まらないとしたら、原因は募集図面やその紹介のやり方にあるのかもしれません。

先にもお話ししたように最近の部屋探しでは、いきなり現地の不動産業者に出向いて、そこで物件を探すというやり方は殆どなくなっています。まずはインターネットで多くの物件をチェックして、相場を把握したり候補となる物件を絞り込むことが一般的です。ですから募集図面の出来栄えとともに、それが部屋探しの際によく使われるサイトにきちんとアップされていることが大切です。

募集図面の内容や、それがネットで広く紹介されているかどうかは、パソコンをお持ちのオーナーさんであれば自分の家でも調べることができますが、できたら入居者募集を頼んでいる不動産会社を訪ね、担当者と一緒にパソコンで内容をチェックし、大手のサイトに載っていないようなら、その場で手配するよう指示すべきでしょう。

前章でお話しした建物の適切な維持管理についてオーナーさんにアドバイスすることも、管理会社の役割の一つです。必要な修繕をきちんと行っていくとともに、健全な賃貸経営を続けるためには、変化する入居者ニーズをしっかり捉え、常に時代に合った物件として目にとまるためのリニューアルも必要になってきます。

しかし多くのオーナーさんは世代の違いもあって、最近の入居者ニーズなどを感じることが難しいのが現実です。そこで、オーナーさんが管理会社から適切なアドバイスを受けられるかどうかが大切になるのです。日々、入居者の不満や希望を現場で聞いている管理会社の社員こそ、最新の入居者ニーズをもっともよく知る人達です。ですから、管理会社はオーナーさんに管理計画やリニューアルについて助言しなければならないし、オーナーさんも自分から相談を持ちかけて、管理会社の持つ知識を有効活用していかなければならないのです。そうしたやりとりを通じて管理会社の能力を見極めることができるでしょう。

(5) 社員の様子や店の雰囲気から察知する

あなたはご自分の物件の管理や入居者募集を任せている不動産会社を訪ねたことがおありでしょうか。もしなければ、ぜひ一度訪ねてみることをお勧めします。

自分で不動産会社を訪ねてみて、店頭に活気がなく暗い雰囲気だとか、店内が清潔でないとか、社員の態度が慇懃無礼だと感じたとしたら、部屋探しに来たお客様も同じことを感じているはずです。応対する不動産会社がそんなふうでは、せっかく時間をとって見に来た入居希望者の期待も消え失せてしまいます。

不動産会社の店頭には活気がなくてはなりません。言葉遣いがはきはきしていて、社員自身が元気一杯で、「いらっしゃいませ!」と明るく挨拶できるような会社がよい会社です。また、たまにあるのですが、土日祝日を休んでいるような不動産会社は言語道断です。部屋探しの8割は休日に集中しているのです。最も見学希望のお客様が多いときに休んでいるようではお話になりません。

店舗が清潔であるかどうかもチェックポイントの一つ。知りたければトイレを借りてみましょう。トイレがピカピカで、隅々まできれいに掃除されていれば合格ですが、隅っこに埃がたまっていたり、髪の毛が散らばっているようでは失格です。帳票類がきちんと管理されているかどうかも大切なポイントです。書類をきちんと管理できていないような会社は、物件の管理もいい加減と思って間違いありません。社員の身じまい、マナーや言葉遣いも大切です。それによって入居希望者の印象が左右されるからです。不動産会社には見る人に悪印象を与えてしまうような服装や態度をしている社員がみられることも少なくありません。お客様が入店を躊躇してしまうような雰囲気の管理会社は避けるべきです。

電話での対応にも注意しましょう。管理会社はオーナーさんに代わって問い合わせに対応します。問い合わせは入居希望者からの場合もあれば、同業他社から来る場合もあります。お客様である入居希望者はもちろん、同業者から電話があったときにも「いつもありがとうございます」という感謝の言葉を忘れず、相手を電話口で長い時間待たせたりしない対応が求められます。

管理会社にとって同業者の間での評判は重要なのです。どの地域にも同業者の間で嫌われ者となっている不動産会社があるものです。そんなところに物件の管理を任せると、業界の間でレッテルを貼られてしまい、お客様を紹介して貰えなかったり、地域の情報が入ってこなくなってしまいます。

専任媒介で入居者募集を依頼する場合もそうですが、管理会社選びの際は、社員が次々と変わる会社は避けた方が賢明です。というのも、入ってきたばかりの社員は担当物件について何も知らず、周辺の地理にも疎いからです。そのため入居希望者や、あるいは駅前の不動産屋さんなどから問い合わせがあったときにも、きちんとした物件のPRができないのです。部屋探しをしている人にとって部屋の近くにコンビニがあるのか、コインランドリーはどうか、大きなスーパーはどこにあるのか、郵便局はどこかといった情報はとても重要です。長くその物件を担当していた社員であれば、そうした情報を自然と把握しているものですが、新人には何も分かりません。聞かれても「そこまではちょっと」としか答えられないようでは、部屋探しの候補から外されてしまうことになります。

見学者を物件に案内するときも、周辺の地理にくわしい社員であれば、「ちょっと遠回りになるけど桜並木のすてきな通りを通っていこう」といった配慮ができますが、地理が分からなかったり、考えのない社員はただ「最短距離だから」と、夜なのに街灯もない暗くて細い道を通っていったりします。そうしたことでも物件への印象は大きく変わってしまうのです。

しっかりした担当者であれば、入居希望者に部屋を見ていただく際にも、いろいろな気配りをします。部屋を見ていただく際には、ただガランとして殺風景なままより、部屋の

（資料9－4）管理会社選びのチェックリスト

- □ 土・日曜はもちろん、平日は会社帰りにも立ち寄れる時間まで営業し、お客様の立場に立った仕事をしているか
- □ 入居のしおり作成・24時間クレーム対応など入居者を大切なお客様として扱い、対応しているか
- □ 電話対応・窓口対応が素早く丁寧で、話が分かりやすく、ハキハキと明るく、元気な対応をしているか
- □ 「報告・連絡・相談」を欠かさない体制がきちんとできているか
- □ 物件の魅力を捉え、掘り起こして、写真・カラー図面などを多用した、お客様を呼べる効果の高い募集図面を作ってくれるか
- □ インターネット（物件情報サイト・自社HP）、情報誌など、いろいろなメディアを活用しているか
- □ 物件情報を自社で抱え込まず、客付けしてくれる他の会社への営業活動やPR活動も積極的に行ってくれるか
- □ 不動産会社の現地募集看板が自己主張しすぎで美観を損ねていないか
- □ 空室物件オーナーには週１回現状報告をしてくれるか
- □ 入居者が決まらないことを自分のことのように心配し、応援してくれるか
- □ 誠意や熱心さ、新しい発想、早く決めて差し上げたいという意欲はあるか
- □ 競合物件のデータなど、明確な根拠を示した上で、賃料のありかた、リフォームの必要性などを的確にアドバイスしてくれるか

中にカラフルなポップ広告があったり、内見用にスリッパが置かれている方が好印象です。季節によっては、雑貨屋で安く売っている素敵なオブジェライトをキッチンに置くといった方法も、お金をかけずに良い印象を与えることができますし、部屋に周辺ショップ案内が置かれていたりするのも、内見に来た人に「この辺には素敵なショップが多いな」と、気に入って貰えることにつながります。多くの事例を見ていても、ポップ広告の内容に手間と時間をかけ、力を入れている物件は、形だけのポップしかつくっていない物件よりも入居者が決まるのが早い傾向があ

ります。入居希望者にも、やはり熱意や気持ちは伝わるものなのです。そうしたことを心得ている管理会社は、オーナーさんにも協力を頼んで、空室が早く埋まるようさまざまに部屋を演出し、工夫を凝らすのです。

オーナーさんと同様に、不動産管理会社も「自分達はサービス業」という意識が徹底していなくてはなりません。

（6）賃貸経営に向いているオーナーさんの特性とは

オーナーさんの側も、不動産会社や管理会社を「賃貸経営の大切なパートナー」とみる意識が大切です。空室が出ているようなときこそ、事業のパートナーとのコミュニケーションが大切となってきます。管理や仲介を依頼している不動産屋さんには、時折菓子折りなどを持って訪れてみましょう。

そして空室対策についての考えを聞いたり、アドバイスを貰ったりするのです。訪れる前に「何かキャンペーンみたいなことを提案してくれませんか」と頼んでおき、担当者とキャンペーンの相談をするのもよいでしょう。

空室が出ているときに仲介を頼んでいる不動産会社を訪れる場合、注意しなくてはいけないのは、空室の発生を相手のせいにして問い詰めたりしてはいけないということです。それで人間は叱られたり責められたりすると、萎縮し、逃げ出したくなってしまいます。それではがんばって貰えません。逆効果です。オーナーさんが直接来たというだけで、不動産会社はプレッシャーを感じるものです。ですから菓子折りを持っていき「怒ってないよ」ということを示しつつ、コミュニケーションをとって共に問題点を考えていく、そうした接し方がお互いにとってプラスに働きます。

オーナーさんに「賃貸経営はサービス業」という意識があれば、入居者に対してだけでなく、管理会社やリフォーム会社に対する対応も変わってきます。

繰り返しになりますが、賃貸経営ではお客様はオーナーさんではなく、入居者なのです。管理会社は大切なお客様である入居者を連れてきて、その面倒をみてくれるパートナーであり、リフォーム会社もお客様のための部屋をきれいにリニューアルしてくれるパートナーなのです。どちらも自分にとって大切な取引先なのだという発想を持たなくてはいけません。もし「賃貸経営にオーナーの人格や人間性は関係ない」と思っていたとしたら、それは大きな間違いです。オーナーさんの人付き合いの良し悪しや人の使い方の巧拙は、経営に確実に影響します。

管理会社の社員も人間です。好意を持ったオーナーさんのためには積極的に動いて応援しますが、好きになれないオーナーさんの仕事は型どおりで済ませてしまいます。管理会社に対して、「仕事を出してやっている」とか「下請け」といった意識を持っているオーナーさんに対しては、誰も真剣に動いてはくれません。オーナーさんが管理会社を選んでいるように、実は管理会社の側でもオーナーさんを選んでいるのです。

これからの時代はオーナーさんにも経営者としての能力が求められます。その一つが、人の使い方です。例えば退去があったときに理由を聞いて報告を受け取ったり、入居希望者が出たときに申込書をファックスで送って貰ったりといったことについても、もし管理会社が自主的にやろうとしないのであれば、オーナーさん自身が管理会社に申し入れて、きちんと報告・連絡・相談をさせるようにもっていく必要があります。いわばオーナーさんが管理会社を指導して育てていくのです。その際は部下を上手に使う上司と同じように、管理会社をはじめとする賃貸事業のパートナーのモチベーションを上げていくことが大切です。叱り方一つにも工夫を凝らして、厳しく叱るときは厳しく、引くときには引き、褒めるべきときには心から褒めて、感謝の気持ちを忘れずに言葉で表現し、謙虚な気持ちで人心を掌握する術を持たなくてはなりません。

私の目から見て「この人は人を使うのが上手だなあ」と思うオーナーさんがいます。このオーナーさんは管理会社の社員達を自分のファンにしてしまっています。電話でしか話していない女子社員でさえこのオーナーさんのファンなのですから、驚きます。営業担当の男性社員でも事務職の女子社員でも、「〇〇さんのためならがんばろう」と思っているのです。

このオーナーさんが話すのを聞いていると、「ありがとう」といういたわりと感謝の言葉をいつも忘れていません。電話での会話だけでも相手の心をひきつけることのできるオーナーさんもいるのです。相談も上手に持ちかけて、管理会社の社員を立てることを忘れません。そうなると管理会社の社員達も「この人のためにがんばろう」という気持ちになるのです。反対に不動産会社に電話するときにも、「おい、おまえ」といった、相手に不快感を与えるような話し方を平気でしているオーナーさんには、社員も好意は持ちません。そうなるとそのオーナーさんの物件の入居者からのクレームなどに対しても、慇懃無礼な対応をすることになります。さらに「こんなオーナーのために誰が入居者を見つけてやるか」と思われるようになったら、これは最悪です。管理会社の社員が入居者探しに努力するかどうかは、必ず空室率にも関係してきます。そうしたオーナーさんは自分自身のふるまいを変えない限り、やがて賃貸経営に苦しむことになります。

私は、魔法の言葉「ありがとう」が心から言える、ホスピタリティ豊かなオーナーさんこそ、賃貸経営に向いていると考えています。

3 メンテナンス会社との付き合い方の見直し

建物のハード面の管理業務についても、基本的にオーナーさん自身でやっている場合と、委託している場合があります。

自主管理の場合、オーナーさんは日常の清掃などは自分でやり、エレベーターのメンテナンス、消防施設などの設備の保守点検など、オーナーさん個人では無理な業務についてのみ、外部に発注することになります。例えば日常清掃はA社、設備の保守はB社、エレベーターのメンテナンスはC社、植栽の手入れはD社という具合に、自分で差配して多くの管理業務をそれぞれ別々の会社に頼むわけです。

一方、建物のハード管理を一括して一社に委託するオーナーさんもいます。建物管理専門の会社では例えば月に6万円といった定額で、日常清掃から設備点検までを総合的に請け負っているのです。オーナーさん自らが差配する代わりに、そうした会社に管理を委託してしまうわけです。

建物の維持管理全体を一つの管理会社に委託する場合も、原状回復工事やリフォームが契約に含まれているケースと、請け負うのは建物全体と共用部分までで、各居室内の内装については契約外となっているケースとに分かれます。

入居者の募集や家賃の集金業務を代行している管理会社が、建物の管理までまとめて請け負っている場合もあります。

賃貸経営における管理会社には、大別すると建物などハードの管理を専門とする会社、集金などソフトの管理を専門とする会社があるのですが、その両方をまとめて引き受けてくれる管理会社もあるのです。

家賃の集金などソフト面だけをA社に一括して委託し、建物のハード面の管理はやはり一括してB社に委託しているという場合、ソフトとハードをそれぞれ担当する会社同士の連携が重要となります。うまく連携がとれていないと、入居者から設備トラブルなどのクレームがあった場合、対応に手間取って評判を落としてしまいます。

4 リフォーム会社との付き合い方の見直し

自主管理するオーナーさんの中にはリフォームについても、例えば水道工事はA社、クロス貼りはB社、といった具合にバラバラに発注している人もいます。これには100円単位で価格を吟味でき、納得のいく発注ができるという利点もありますが、オーナーさん自身が一つ一つ工事に全て立会い、出来上がりをチェックしなくてはならないので、大変な労力がかかります。

それではさすがに大変だということで、自主管理をしているオーナーさんでも、リフォーム工事については特定のリフォーム屋さんにまとめて頼んでいる人が多いようです。一般に細かいところまでオーナーさんが自分でやるほど、コストは安上がりになる傾向はありますが、小口の発注となってしまうため、コストダウンといっても限界があります。

5000円程度の工事でいちいち相見積りをとっていたら、業者さんはみな逃げてしまうでしょう。

それよりむしろ全ての管理を1社に委託している場合の方が、かえって安く上がるケースもあります。というのも不動産管理会社は、リフォーム会社から見れば大量に発注してくれる施主なので、その分コストダウンが可能ということと、管理会社の側も集金管理などで基本的な収入を得ているということで、工事に関してはあまり手数料を乗せず、良心的な価格でやってくれるケースもあるからです。

また時間的には、ときどきしか工事を頼まないオーナーさんがいろいろなリフォーム会社に直接発注するより、日常的に工事を依頼している管理会社から発注した方が、早く済むことが多いのです。

5 金融機関との付き合い方の見直し

(1) 変動型・期間固定型・完全固定型

賃貸住宅経営の経費見直しで一番比重の高いものは、建築（または購入）時点で借入れをした融資金の返済額です。一般的には、25～30年という長期にわたって返済しますので、返済金合計額は多額になります。例えば、年利3・00％、30年返済の場合で総返済合計額は当初借入金額の1・52倍、年利2・00％、25年返済でも1・27倍になります。その意味から、見直し効果が一番高い経費費目といえます。

見直しのために、資金借入れの基本項目を整理してみましょう。

・金利の選択方法

①変動金利（半年または1年ごとに金利が変動）

②固定金利（最初から最後まで金利が変わらない）

③固定金利選択型（一定の固定金利の期間が終了した時点で次の期間の金利種類を選

（資料9－5）指標金利の推移

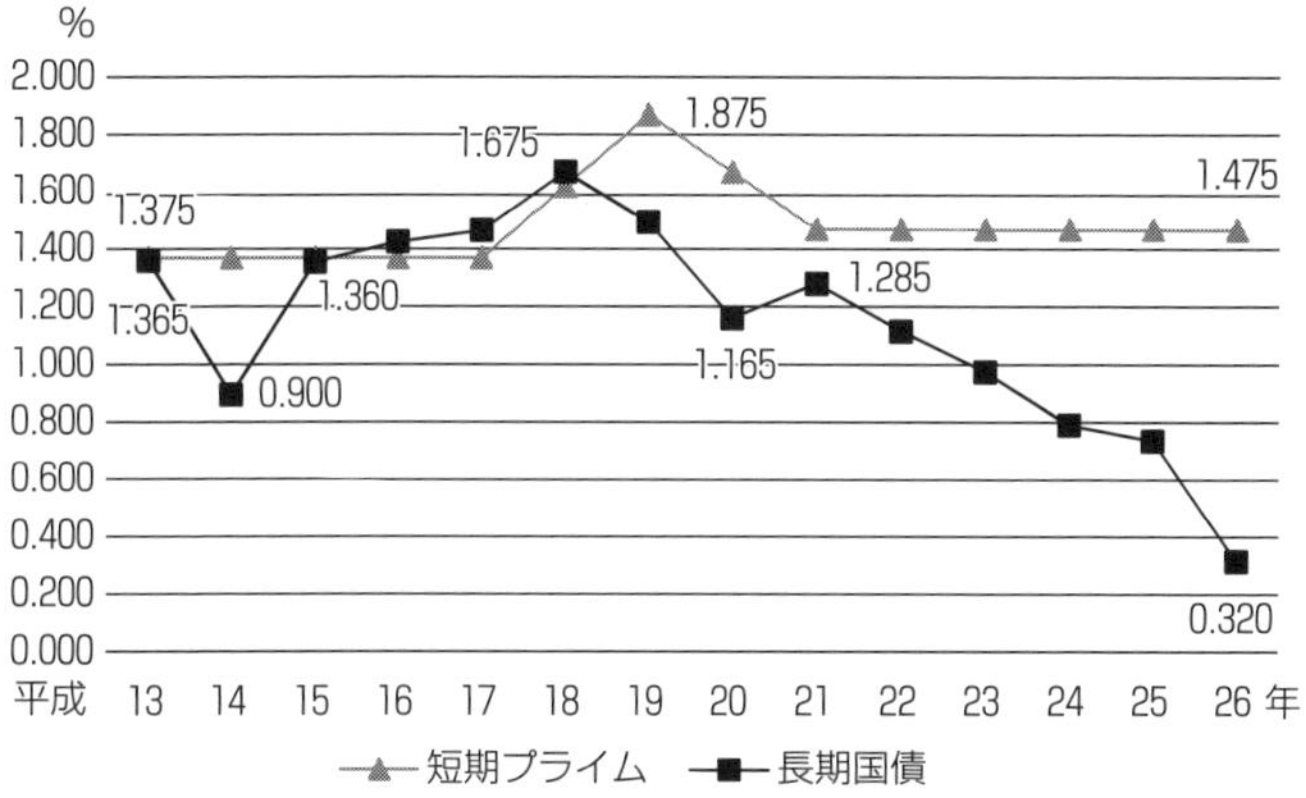

【出典】日本銀行：「金融経済統計月報」より作成

択する）

・借入れ金利は、指標となる金利に連動して推移します。

①変動金利は、短期プライムレートに連動

②長期の固定金利は、長期国債利回り（10年）に連動

この15年間の指標となる金利の推移を調べてみると、上のようなグラフとなりました。オーナーさんがどの金融機関から、どのような条件で借入れをされているか、償還表を取り出して、よく見直してみてください。

（2）金利が1％下がった場合の見直し効果

建築（または購入）時点で、1億円を30年

（資料９－６）金利による返済差額

年　利	毎月返済額	総返済額
3.00%	¥421,604	¥151,777,452
2.00%	¥369,619	¥133,063,010
差　額	¥51,985	¥18,714,442

返済で借入れた場合、元利均等で年利３・０％と年利２・０％との毎月返済額と30年間の総返済額は、上の表のようになります。

この数値をどう見るかの判断はオーナーさんにお任せしますが、当初借入れから10年経過した時点での、残債残高は、金利２・00％の場合で７３０６万円、３・00％の場合で７６０２万円で、２９６万円の差しかありません。よく、「返済当初は利息を支払っているだけ」と言われますが、賃貸経営を始めて10～15年を経過した時点で借換えを検討してみても、金利引下げの経済的効果は大きいといえます。是非、一度は借入金融機関とご相談されてみてはいかがでしょうか。

オーナーさんへの愛のワンポイント No.5

親族に工事依頼をしてしまったEさん

3年前、ご相談に来られたEさんは、感じのよいご婦人でした。お父様から相続された築30年の賃貸アパート12世帯を所有されていましたが、老朽化の進行とともに雨漏りなどの問題が発生するようになり、また、空室も目立つようになってきたために、相談にいらっしゃいました。

建物の状態からみて、今後も安定した賃貸経営を続けるためには抜本的な対策が必要であり、私は思い切ったリノベーションをEさんに提案しました。2つのリフォーム会社に見積書の作成を依頼したところ、1か月ほどでプランも出そろい、金額はどちらも1,000万円程となりました。

大きな費用が発生することは覚悟していましたが、やはり1,000万円という金額はEさんにとって手痛い出費となります。しかし、今後も長期的に安定した家賃収入を得るためには必要な出費であると割り切ったEさんは、1社に絞った上で、具体的な契約への折衝を始めていました。

ところが、Eさんは契約の前日に突然、私に「やっぱり契約はできなくなりました」と連絡してきました。理由をお尋ねしたところ、仲の良い従兄弟が工務店を経営しており、その方が1,000万円以下で工事を請け負ってくれると言ってきたそうです。私は、その工務店の規模や実績を聞いて不安を感じましたが、Eさんの決意は固く、どうしても従兄弟の工務店に任せたいとのことだったため、当初のリフォーム会社には丁重にお詫びしてお断りをさせていただきました。

その1か月後、またEさんから突然の相談のご連絡がありました。その内容は、工務店が予算を削るために次々と素材を変更し、また、考えられないような施工ミスも連発しており、従兄弟と支払いで揉めているとのことでした。Eさんとしては到底納得できないことばかりでしたが、親戚付き合いからの遠慮もあり、リフォームが終わるまで我慢していたそうです。結局、Eさんと従兄弟との関係は修復不能の状態まで悪化し、長いお付き合いも断絶してしまいました。また、親戚からも不本意な扱いを受けるなど相当に嫌な思いをされたようです。

建築やリフォームはクレーム産業ともいわれており、必ずといってよいほどトラブルが発生するものです。納得のいく品質を求めるのであれば、対等に意見が言えるリフォーム会社を選ぶことをお勧めします。

第10章

建物が寿命を迎えたとき

1 賃貸住宅の寿命とは

建物には寿命があります。日本には古来の匠の技で建てられ、1000年以上も残る法隆寺のような建物もありますが、一般的な賃貸物件に関しては、建物の構造によっておよその耐用年数が決まってきます。総務省統計局の「平成25年住宅・土地統計調査」の推計によれば、賃貸用の建物が建てられてから取り壊されるまでの平均年数は約25年となっています。一戸建ては約30年ですので、賃貸物件の方が寿命が短いことが分かります。

一般的な在来工法の木造住宅であれば、30年程度が寿命といわれます。あとはメンテナンス次第でその寿命が5年短くなったり、あるいは10年延びたりといったところでしょう。

ツーバイフォー工法は北米から導入され、耐震性や耐火性に優れた建築方式です。一流ハウスメーカー製のツーバイフォーの建物であれば、在来工法の木造住宅より長い、30〜50年ぐらいの耐用年数があります。もっともツーバイフォーでも町の一般的な工務店が建てた場合の耐用年数は、在来工法とあまり変わらず、25〜35年程度とみていいでしょう。

軽量鉄骨造は日本の建築の歴史の中では新しく、ハウスメーカーが鉄骨住宅を提供するようになったのは実質的に戦後のことです。しかし、それ以後急速に商品開発が進み、一流ハウスメーカーが製造する建物は認定工業化住宅として、耐用年数が延びています。こちらはツーバイフォーよりもさらに長寿命で、35年から良質なものでは50年以上の耐用年数があります。

３階建てなど一定以上の階層が必要なときには、重量鉄骨が用いられる場合もあります。これは通常の鉄骨よりも太い鉄骨を柱部分に使用しています。一部のハウスメーカーが製造し、耐用年数としては軽量鉄骨の場合と変わらないとされています。大手ゼネコンで建築している重量鉄骨造の大型の建物の場合、40～50年の耐用年数をうたっています。

大型の建物に用いられるのが鉄筋コンクリート造です。型枠の中に鉄筋を配置し、主に現場でコンクリートを流し込んで建てます。コンクリートの品質や厚みにもよりますが、50年から長いものでは１００年もの耐用年数があります。

鉄骨鉄筋コンクリート造という工法もあり、これも鉄筋コンクリート造と同様の耐用年数を持っています。

ただし耐用年数とはいっても、以上は全て構造体についての話です。建物の構造以外に設備や外壁にもそれぞれの耐用年数があり、これは建築材料等によって変わってきます。外壁や設備のメンテナンスや修繕がきちんと行われていた場合は、建物の寿命を先に述べた構造による寿命と同じまで延ばすことは可能です。

けれども、寿命とは別に建替えの目安というものもあります。木造の建物であれば築25～30年が建替えのめどとされますし、鉄筋コンクリート造といえども、35～40年ほどで建替えの話が出てくるのが普通です。その理由の一つが、日本の建築基準法が20年に1回ぐらいの頻度で改定され、その都度、耐震基準などが強化されていることです。新しい建物の方がより地震に強くなっていて、そのため賃貸物件では築年数が古い建物は入居者から敬遠されがちなのです。

また欧米では古い建物、歴史的建造物に対する尊敬の念が強く、賃貸物件でも築50年、100年といった建物がたくさんありますが、日本では逆に新しい建物を喜ぶ傾向が強く、築30年を超えると入居者の確保に苦労するという現実もあります。建物自体はまだしっかりしていたとしても、外壁が古くなり、間取りも現代のニーズに合わなくなり、また防水を含めたメンテナンス費用もかさんでくることを考えると、30年程度の年数で建替えた方が有利ということが少なくありません。

（資料10－1）　建物の寿命と人の寿命

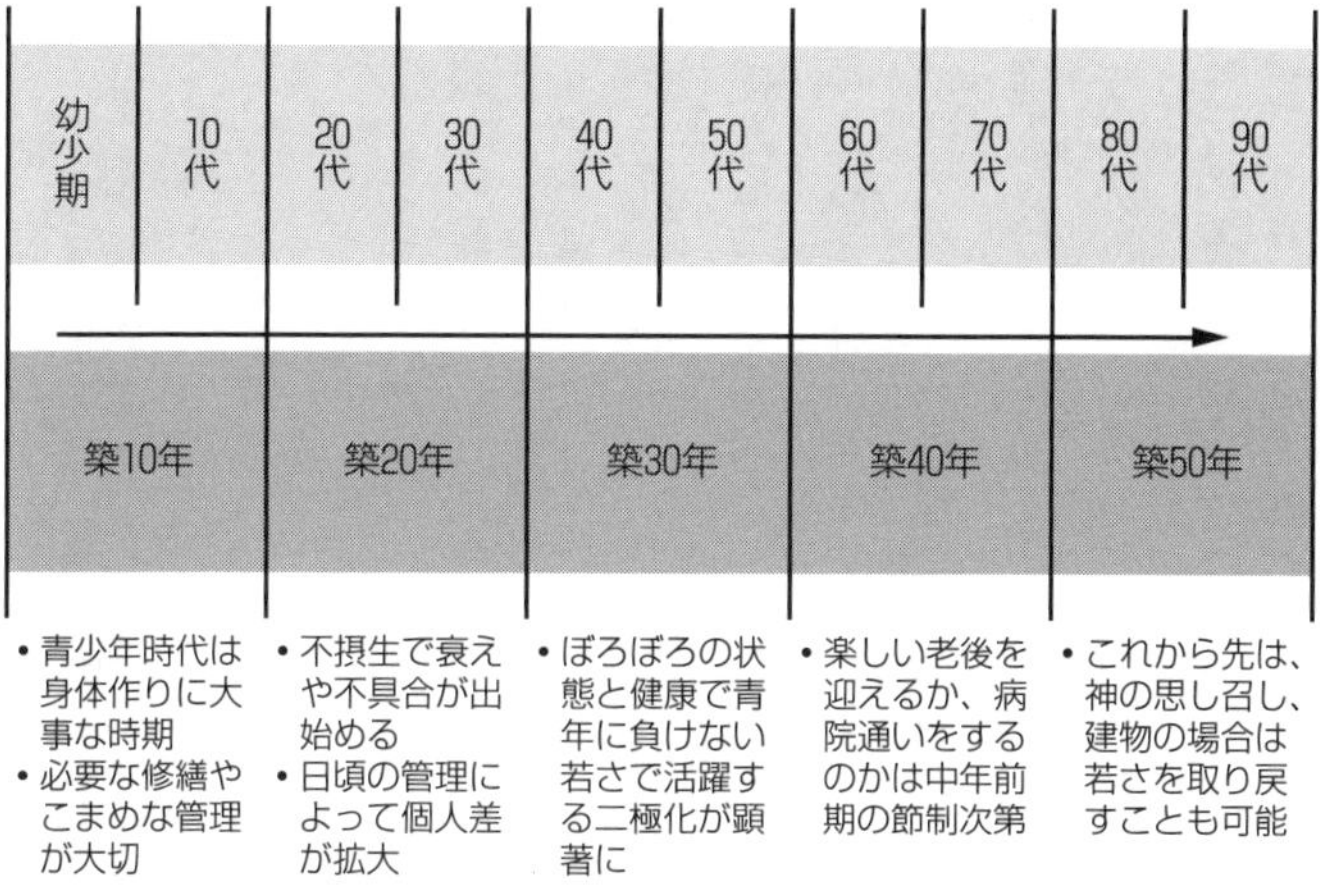
幼少期
10代
20代
30代
40代
50代
60代
70代
80代
90代
築10年
築20年
築30年
築40年
築50年
・青少年時代は身体作りに大事な時期
・必要な修繕やこまめな管理が大切
・不摂生で衰えや不具合が出始める
・日頃の管理によって個人差が拡大
・ぼろぼろの状態と健康で青年に負けない若さで活躍する二極化が顕著に
・楽しい老後を迎えるか、病院通いをするのかは中年前期の節制次第
・これから先は、神の思し召し、建物の場合は若さを取り戻すことも可能

十分なメンテナンスと定期修繕を行ってもなお建物が老朽化してきたら、いよいよ最終的な選択を迫られることになります。老朽化した賃貸物件に対しては、大きく分けて4つの選択肢があります。

①再生（リノベーション）
②建替え
③買換え
④賃貸経営からの撤退

これらはそれぞれに利点と問題点があります。

2 寿命を迎えた場合の選択肢　その① 再生（リノベーション）

リノベーションは一般的なリフォームとは少し違います。リフォームは基本的には機能や外観を以前のとおりに戻すことが目的です。築30年の建物なら、30年前の姿を取り戻すための改修工事です。リノベーションは過去の姿に戻すのではなく、もっと未来志向の改修です。新しいデザイン、新しい付加価値をつけ加え、サプライズを生み出し、入居者の心を捉えることを目的として行います。

建替えるか、リノベーションを行うかという意味では、築25年が一つの分岐点といえます。木造アパートの築年数が25年を超えてしまった場合、リノベーションで延命させるという選択肢は考えなくていいでしょう。「そろそろ取壊しの時期だな」と考えるべきです。

一方、鉄筋コンクリート造の場合、築30年前後で大型のリノベーションを行い、賃貸住宅としての寿命を延ばすというケースがかなりあります。リノベーションの費用はケースバイケースで、建物の構造によっても違います。一般に築30年でのリノベーションとなる

（写真10－１）リノベーションによるアパートの再生例

と、給排水設備、外壁などの全面取替えを行い、防水処理し、さらに新しくデザインや設備面で建物の付加価値を増すような再生工事を考えることになります。そうなると中型のマンションでも３０００～４０００万円はかかってきます。築30年のアパートが新築同様にリノベーションされた例をご紹介しましょう。

老朽化物件のリノベーションを行うことは、相続税の節税にもつながります。相続発生前に実施することで、工事に要した費用分だけ相続財産が減ることになるからです。

相当に大規模なリノベーションを行ったとしても、それによって固定資産税評価額が上がるということは、普通はありません。築年数が古く、固定資産税評価額が５００万円しかないマンションのリノベーションに数千万円をかけたとしても、評価額は５００万円のまま。大型リノベーションにより現実の不動産の資産価値が上がったとしても、それは税法上の評価額には反映されないのです。ですから、リノベーションのために3000万円使えば、短期で償却が進むため相続税評価額が減り、税額も低くなります。（注）

逆に、相続発生後に自宅なり賃貸住宅なりを相続した人が自分でリノベーションするとなると、相続税を払った残りからリノベーション費用を捻出することになります。仮に3000万円のリノベーションで、相続税率が30％だったとすれば、相続前にリノベーションするか相続後にリノベーションするかで、相続時の税額が900万円も違ってくることになります。

既に触れたように、賃貸住宅のリフォームやリノベーションの代金は減価償却の対象として、何年かに分けて経費で落とすことができます。それを考えるとリノベーションに限らず、いずれ必要になることが分かっている修繕やリフォームであれば、オーナーさん（被相続人）が健在のうちに済ませておく方がお得だといえます。

（注）この部分はグレーゾーンで、明らかな節税目的のリフォームの場合、税務署が価値増加分を指摘してくることもあります。

3 寿命を迎えた場合の選択肢　その② 建替え

建替えとは、現状の入居者に退去していただき、建物を全て空室にした上で解体して、新たな賃貸住宅を建築することです。建替えのよいところは、最新の設備を導入でき、建物自体の耐久性も過去のものよりもずっと高くなっていること、そして何より築年数がゼロになるということです。築年数は部屋探しをする人が第一に気にするポイントです。リノベーションではどんなに建物が美しく変身したとしても、築年数の表示を変えることはできません。年数を経た賃貸住宅を新築に代えることで、賃貸市場での人気が上がり、空室はなくなり賃料も高めに設定することができて、家賃収入アップが見込めるわけです。

これに関連する建替えのもう一つの利点として、「負のスパイラルを断ち切る」ことが挙げられます。老朽化したアパートでは入居者の人気がなくなって空室が増えたり、家賃滞納が起きたりして家賃収入が低下し、キャッシュフローが悪化しているケースが多く見られます。収入が低下しているためメンテナンス費用も捻出できなくなり、さらにますます建物の劣化が進み、人気が低下していくという負のスパイラルです。

自分の代で賃貸経営を始めたオーナーさんが亡くなった後、賃貸物件を相続した奥様やお子さんが、先代の管理の不備のために経営に苦労するケースは非常に多いのです。ずさんな管理を行った物件は、次世代にとっては負の遺産そのもので、残された家族に大変な迷惑をかけることになります。お手持ちの賃貸住宅がそうした状態に陥っていたり、陥りかけている場合、思い切ってローンを組んで建替えることで、悪い循環を断ち切ることが可能です。

建替えには節税の面での利点もあります。老朽化した賃貸アパートや賃貸マンションは、既に減価償却がほぼ完了しているため、所得税からの控除が少なくなります。これを建替えることで新たな減価償却費が毎年発生し、納税額を抑えることができます。

また老朽化賃貸住宅はローンの返済も終わっているケースが多く、相続の際、債務控除によって相続税額を圧縮するという効果も見込めません。こちらも建て直すことで相続税を節税することができます。

例えば、築30年でローン返済済みのアパートを建替える場合を考えてみましょう。計算すると、現状では相続税評価額は土地4000万円、建物300万円で合計4300万円であったとします。何もしなければそれに対して相続税がかかってきます。しかしこの老朽化アパートを、例えば８０００万円の建築費を銀行ローンで借りて建て直せば、その分が債務控除され、相続税評価額はゼロになります。

4 建替えでは避けて通れない立ち退き交渉

建替えの問題点は、投資コストが大きくなることです。現在の建物の入居者にまず引越しをお願いし、全員に退去してもらった上で工事を始めなくてはなりません。したがって、新築と異なり、建築費用だけでなく既存の入居者の立ち退き費用、解体費用などをコストとして考える必要が出てきます。

既存の入居者に退去していただくことを、「明渡し」とか「立ち退き」と呼びます。オーナーさんであればご存知のように、入居者の立ち退きは簡単なことではありません。というのも現在の借地借家法は、契約期間が満了した際、入居者が契約更新を希望したときは、貸し手が同意しなくても、これまでの契約と同一の条件で契約を更新したものとみなすという、入居者にきわめて有利な規定となっているからです。

貸し手が契約更新を拒否するためには「正当事由」が必要となりますが、借地借家法第28条は次のように規定されています。

「建物の賃貸人による……建物の賃貸借の解約の申入れは、建物の賃貸人及び賃借人（転借人を含む。以下この条において同じ。）が建物の使用を必要とする事情のほか、建物の賃貸借に関する従前の経過、建物の利用状況及び建物の現況並びに建物の賃貸人が建物の明渡しの条件として又は建物の明渡しと引換えに建物の賃借人に対して財産上の給付をする旨の申出をした場合におけるその申出を考慮して、正当の事由があると認められる場合でなければ、することができない」

家賃滞納、無断改造など、入居者側が行った信頼関係を壊すような義務違反といった落ち度がない限り、オーナーさんが「古くなってきたから建替えたい」と考えたとしても、入居者が「住み続けたい」と主張すれば、正当事由がないので出ていっては貰えないのです。

判例では建物の老朽化は、立ち退きを求めるための正当な事由とは認められていません。

「建物が老朽化したから、建替えが必要だ」とオーナーさんが主張しても、入居者の側が「貸し手が本来必要な修繕を怠った」と主張すれば、「貸し手は安全な住居を提供する義務がある」とされ、逆に裁判所から修繕を命じられるかもしれないのです。実際に大改修を求められたケースもあります。

そこで立ち退き交渉では「入居者の皆さんに、オーナーの建替えに協力して、契約更新を求めないようにお願いする」ことになります。自主的に退去していただくために、立退料の提示が必要になってくるわけです。

立退料には相場はありません。よく「立退料の相場を教えてほしい」という相談があるのですが、それぞれの事例によって金額は全く異なってきます。立ち退き交渉では入居者の個別の事情をよく聞いて、それぞれの要望に合わせて対処していく必要があります。単に金額の問題だけではありません。立ち退き交渉に失敗し、入居者との関係をこじらせてしまい、どうしても出ていこうとしない入居者1人を残したまま、何年も建替えることができないというケースも珍しくありません。

入居者は権利を失わないために、住んでいる間は家賃を払い続ける必要があります。といっても1戸分の家賃では、固定資産税など建物の維持管理費用にも足りません。オーナーさんにとっては深刻な事態で、交渉に失敗すれば、それまで収入を生んでいた大切な資産が現金を食いつぶす不良資産に変わってしまいかねません。

老朽化賃貸住宅のオーナーさんの中には「いずれ取り壊す物件だから」と、相場では月5万円程度の部屋を3万円ほどで安く貸してしまっているケースがあります。「入居中に取壊しになるのは申し訳ない」というオーナーさんの入居者への配慮なのですが、これは問題の多い方法です。こうしたケースでは、入居者から「今と同じ家賃で良い物件を見つけてくれるのでしたら、立ち退きに協力しますよ」と言われることがあります。しかし退去を前提に相場より家賃を安くしているのですから、同じ賃料で同等の条件の部屋など見つかるはずがありません。部屋を借りている方はその値段で安く借りていることを、もはや自分の権利だとみなしているのです。

そうしたトラブルになるのを防ぐ意味でも、建替えや退去の予定があろうとなかろうと、建物の維持管理はしっかりと行い、相場並みの家賃をいただかなくてはいけません。

借地借家法ではあまりに入居者有利の規定が老朽化賃貸住宅の円滑な建替えを妨げているという観点から、2000（平成12）年に「良質な賃貸住宅等の供給の促進に関する特別措置法」が施行されました。この法律に基づいて、借地借家法を一部改正し、契約の更新がない契約で、契約期間が終了した時点で確定的に契約が終了するいわゆる「定期借家契約」という新たな制度が創設されました。

しかし、現在の老朽化した賃貸住宅で入居者と定期借家契約を結んでいるケースは殆どないのが実情です。今いる入居者が退去するたび、新しく入ってきた入居者との間に定期借家契約を結んでいくという方法もありますが、全ての入居者が定期借家契約に切り替わるまで待っていたら、建替えがいつになるか分かりません。

建物の老朽化が進んでいる場合、家賃収入が低下していく一方で修繕費用がかさんできます。ですから建替えを前提とするなら、やはり立ち退き交渉を行って早期に立ち退きを完了させ、建替工事にかかるべきでしょう。

立退料に相場はないと言いましたが、そうは言っても経験的な目安はあります。総賃料の6～10か月分の範囲で収まれば、まずは妥当といっていいでしょう。ただし立ち退き交渉では早期解決を優先し、必要な費用は惜しまないことがポイントです。1か月でも早く立ち退きに成功すれば、それだけ建築開始も早まり、その分収益も早く上がるようになるのです。

更地にするためにそのほかに必要なコストとして、建物の解体費用があります。これもリサイクル法などの影響で、かつてよりだいぶ費用がかかるようになっています。また建物の地下から解体・撤去が必要な地下室や既存の建物の基礎杭などが出てくるといった、思ってもみない費用がかかるケースもあります。建替えて新たに賃貸事業を始めるというのであれば、安易に考えずに必要経費として事業計画に見込まねばなりません。

5 寿命を迎えた場合の選択肢 その③ 買換え

建物が老朽化してもオーナーさんに賃貸経営を続ける意思がある場合、建替えるのでも、そのまま続けるのでもなく、「買換え」することも選択肢の一つです。

2017（平成29）年末までの時限立法で「特定の事業用資産の買換え特例」が認められています。特定の地域で10年以上、事業のために使っている土地建物等を、別の土地建物等に買い換えて1年以内に事業に使う場合、売却で得た譲渡益の8割（注）まで、課税が繰り延べされるという制度です。こうした制度を利用して、将来性の見込めない物件から、今後も賃貸経営を続けられる物件へと資産を組み換えるのです。

例えば、年間1000万円の家賃収入が上がっている賃貸マンションを1億円で売却し、その代金を頭金とし、さらに1億円を借り入れて、2億円で利回り8%という物件を購入したとします。この場合、年間の家賃収入は2億円の8%で1600万円ですから、借入金の利払いと返済額が合計で年に600万円までであれば、手元に残る金額は以前より増える計算です。そして相続の際には、買換えの際の1億円のローンが相続税評価額から債務控除されるため、相続対策としても有効になってきます。

（注）一定の地域間での租税特別措置法37条9号の「買換資産」の場合は、課税繰延割合（圧縮率）が70%または75%となります。

6 寿命を迎えた場合の選択肢　その④　賃貸経営からの撤退

手持ちの賃貸住宅が老朽化する一方、オーナーさん自身も高齢で気力や体力の面から賃貸経営を続けていく自信がなくなったという場合、そして次の世代に引き継ぎたくても、お子さんにその気がないという場合、賃貸経営からの撤退を考えることになります。

撤退はさらに、

- 現状の物件を入居者ごと、収益還元法で計算して売却する
- 解体して更地とし、売却する
- 更地とし、駐車場などにする

といった選択肢に分かれます。現状のままの売却を「居抜き」と呼びます。「居抜きで売却するのと更地にしてから売却するのと、どちらが得か」という質問をよくオーナーさんから受けるのですが、これについてはケースバイケースであり、きちんと査定した上で決めなくてはなりません。

居抜きで売却するときは、更地で売却する場合よりも安い評価となりがちですが、手間がかからず時間的にも短く、手離れがよいことが特徴です。現時点での収益力の評価で現金化できます。

更地の場合、評価は高くなりますが、建替えの場合と同様、既存の入居者に退去をお願いした上で解体する手間が必要になります。賃貸経営からの撤退を考えているような状況では、オーナーさん自身が立ち退き交渉に伴う精神的負担に耐えられるかという問題が出てきます。

立ち退きや解体に時間がかかり、更地にしたときには不動産市場の様子が変わっていて、土地の値段が思っていたより下がってしまったという場合もあるのです。数年後の地価は不動産のプロでもどうなるか分かりません。これもリスクの一つといえます。最近は居抜き物件でもそれなりに評価されるケースが多くなっているので、私自身がご相談を受けたケースでは、そちらをお勧めすることが多くなってきました。居抜きで売る場合は、物件を買う人に賃貸経営を委ね、建物が老朽化していれば新しいオーナーさんが再生していくことになります。

きちんとメンテナンスし、家賃滞納や空室といった問題も出ていない健全経営の物件であればいいのですが、オーナーさんが手入れを怠って不良物件化してしまっている場合は、売ろうとしても極端な安値となってしまったり、ローンの支払いが完了していなくて債務超過状態という場合もあります。そうなると手元に十分な資金がない限り、売るに売れなくなってしまいます。

また売却の場合、譲渡所得税がいくらになるかも確認しておく必要があります。譲渡所得税は取得原価によって税額が変わってくるからです。

建物を解体して売却する場合と、駐車場にする場合のメリット、デメリットはどうでしょうか。駐車場の問題点は、初期投資は少なくて済むけれども、月々の収入が桁違いに少ない上に、保有コストが高くつくということです。土地の広さによっても変わってきますが、固定資産税、都市計画税などのいわゆる保有税は、アパートから更地に変わることで、おおむね6倍になると思ってください。また家屋がある場合と違って、相続の際の優遇もなくなります。

いずれ相続が発生した場合に、売却して相続税の支払いにあてるため、更地の状態で置いておくという人もいます。しかし不動産の場合、駐車場にしても、換金性はやはり金融資産より低くなります。株式なら数日で換金できますが、不動産はそういきません。

また不動産は持っているうちに値下がりする可能性があります。20年以上前であれば持っているだけで価格が上がっていったのですが、今はそういう時代ではありません。地方では特に不動産市況が崩れ、地価の値下がりが激しくなっています。この点、土地を売却して現金や金融商品にしてしまえば固定資産税は課税されないし、現金は値下がりするおそれはありません。こうしたことを考えると、建物の解体後、駐車場などにしていつまでも持っているより、売れるときに売って現金に換えてしまった方がメリットが大きいといえそうです。

【ワンポイントアドバイス（1）　売りどきは考えすぎない】

賃貸経営から撤退して物件を売却するというときに、「いつが売りどきか」と市況を意識しすぎるのは考えものです。「底値で買って天井で売り抜く」というのは、誰しも考えることではありますが、不動産のプロでも実際には難しいのです。「もっと上がるかもしれない」などと欲をかくと、大抵は失敗します。

２００６（平成18）～２００８（平成20）年頃の「平成ミニバブル」といわれた当時、東京都心で希望価格31億円で売り出した物件がありました。そのとき「28億円なら買いたい」という人がいたのですが、「もう少し」と渋っているうちに、市況が一気に悪化してしまい、ようやく売れたときには、わずか9億円になっていました。

日本は今後、少子高齢化と人口の減少が進みます。不動産の価格は、目先では上下があるでしょうが、長期のトレンドとしては低下していく方向とみられます。それを考えると「売れるときが売りどき」といえるかもしれません。

【ワンポイントアドバイス（2）　日常の管理で変わる売却額】

居抜きでの売買では、メンテナンス費用の増加、築年数が増えることによる家賃の下落など、いろいろな要素が関わってくるので、現時点での収益性だけでなく、その物件で10年後にどの程度の収益が確保できるかを確認する必要があります。

「今はいいが、あと10年は厳しいな」と判断されれば、値段は下がります。老朽化が進んでから売却しようとしても、どうしても買いたたかれることが多くなってしまうのです。

建物は手のかけ方で老朽化の進行度合いが全く違ってきます。私が先日見た物件でも、ある大手ハウスメーカーの施工で、築20年で「まだまだ大丈夫」という木造の建物がありました。かと思うと、こちらは大手賃貸住宅業者の建物でしたが、同じく築20年で「もうどうにもならない」安普請の物件もありました。建物の維持管理に必要な費用を十分に投じてこなかった場合、入居者の質も落ちてしまっていることが多く、「訳あり物件」として、相場の半値以下に評価されてしまうこともあります。

荒れ果てたアパートに入居する人は、どうしても問題のある人が多くなります。私が関係した物件でも、老朽化したアパートに、数人で結託して居座っている入居者がいたケースがありました。どんなにお願いしても出てくれないので、裁判に訴えて、1年がかりで退去して貰うはめになりました。

賃貸経営をやめるといっても、いざそのときに建物がこうした状態になっていれば、安くしか売れないのは当然でしょう。オーナーさんの中にも「いずれ売ろう」と考えて手をかける人と、「いずれ売るんだから」と考えて手をかけない人がいますが、結局は手をかける人が、金銭的にも得をするものです。

世の中には、オーナーさんが「自分はもう賃貸経営をやめる」という気持ちで、経営放棄してしまい、あばら屋同然となっているアパートがたくさんあります。しかし、オーナーさんの社会的な使命は街づくりの一翼を担うことであり、入居する人、ご近所の人に喜ばれる賃貸経営を行うことです。それを放棄してしまっては、自分が損をするだけでなく、多くの人に迷惑をかけることにもなります。

将来の賃貸経営からの撤退の際、少しでも高く評価してほしいと望むなら、日頃からしっかりと建物をケアし、また入居者もケアしていかなければなりません。

オーナーさんへの愛のワンポイント　No.6

ほっと一息

相続財産に依存したFさん

10年ほど前に公益社団法人東京共同住宅協会に相談にいらっしゃったFさんの事例をご紹介します。男子の相続人がいなかった祖父と養子縁組をしていたFさんは、東京の下町にある数千坪もの土地を相続することになりました。突然、資産家の仲間入りをしたFさんに、不動産に関する正しい知識や土地活用のノウハウがあるはずもありません。周囲の無責任な進言を鵜呑みにして資産運用に失敗したFさんは、私と知り合ったときには、既に資産の3分の1程度を失っていました。

また、不動産は多くても現金が不足していたため、固定資産税や相続税を支払うことができません。延滞金を支払うために、土地を切り売りするという負のスパイラルに陥ってしまい、困り果てて当協会にご相談にいらっしゃったのです。

私達はさまざまな対策を講じFさんをサポートさせていただき、事業の健全化には成功したのですが、本当の問題はここからでした。Fさんは、世間も羨むような将来性のある上場企業に10年以上勤めていましたが、意見の合わない上司に以前から不満を抱えていました。それでも、我慢を重ねて懸命に働いていましたが、経済的に余裕が出てきたことで、辞めたい気持ちに拍車がかかってしまったのです。

　私は、今まで培ってきたキャリアをそう簡単に投げ捨ててしまうべきではないと進言していたのですが、ある日、とうとう短気を起こして上司に辞表をたたきつけてしまいました。その後、不動産の収入だけで生活するようになったFさんは、夜な夜な飲み歩き、昼過ぎまで寝ているという怠惰な生活を送るようになり、久しぶりにお会いしたときには、サラリーマン時代の目の輝きは失せ、体重は15キロも増えている状態でした。

　私は断絶も覚悟して、「改めて社会復帰するか、このまま人生をつぶすのか」を真剣に問いただしました。ご自身でも今の生活に疑問を感じていたFさんは、私の意見を素直に受け止めてくれ、まずは、小さな会社に勤め再スタートを切ることになりました。

　もともと能力の高いFさんは徐々に頭角を現します。今では、社長さんと一緒に会社を育てていくことに大きなやりがいを感じているそうです。Fさんから、「人から必要とされることに生き甲斐を感じています。ありがとうございました」と言われたときは、私も胸が熱くなりました。不動産を理由にご自身のキャリアをつぶしてはいけません。それは、不動産を残す立場の親としても気にかけなければならないことなのです。

第11章

転ばぬ先の杖
次世代対策の重要性

14つの選択肢に関わる次世代対策

賃貸物件として長年、自分の生活を支えてくれた建物が老朽化したとき、どのような道を選択するかは、オーナーさんの人生観にも関わってくる問題です。賃貸経営をやめてもオーナーさんの人生は続くわけですから、老後の生活費をどう工面するか、次の世代に財産を残したいと思うかどうかによって選択肢も変わってきます。

建替えや買換えは、新しい賃貸事業をスタートさせるということでもあります。老朽物件が新築物件になったとしても、それで万事うまくいくという保証はありません。賃貸経営については今後も厳しい環境が続くものと予想されますから、建替えの場合も、初めて土地活用に踏み込む際と同じく、実行する前にマーケティングを行い、慎重に採算性を検討する必要があります。

その際重要なのは、オーナーさんの後継者となる、次世代の同意が得られているか、またその人が賃貸経営に向いた人かどうかという点です。賃貸物件が老朽化してきたという場合、おそらくオーナーさんも殆どの方が高齢者のはずです。ご高齢のオーナーさんが賃貸住宅建替えのために返済期間20年あるいは30年というローンを組もうとすれば、銀行は必ず連帯保証人としてお子さんを立てることを求めてきます。

つまり老朽化物件の建替えでは次世代の同意が不可欠となるし、基本的にはお子さんが賃貸経営を引き継ぐという前提で行うことになるのです。ですから、建替えを計画する前にまず家族でよく話し合い、お互いの考えをはっきりさせておく必要があります。

オーナーさんが賃貸経営を次世代に引き継ごうと考え始めるのは、体力や気力に自信がなくなってくる70歳代あるいは80歳代が中心です。そのときお子さんの多くは40歳代、50歳代です。

仕事ができてしっかりしたキャリアを持っている人の場合、そのくらいの年齢はいちばん充実していて忙しいものです。賃貸経営がお荷物となってしまう場合もあるのです。お子さんにもし賃貸経営を引き継ぐ意思がないということなら、オーナーさんご自身がまだしっかりしているうちに、物件を生かしてくれる人に譲渡することを検討すべきでしょう。

賃貸物件の管理は手間と時間と精神的なコストがかかりますが、売却して金融資産に換えてしまえば、ずっと楽になります。相続を考えても、節税を目的に賃貸物件とするより、処分の楽な資産の形でお子さんに残してあげる方が、より感謝されるかもしれないのです。

都内に2棟の賃貸マンションをお持ちだったある女性オーナーさんは最近、賃貸経営から完全に撤退されました。この方には息子さんが1人いらっしゃったのですが、独立したため現在は一人暮らしでした。それでも将来的には息子さんに賃貸経営を引き継ぎたいと考えていたところ、その息子さんが外国の女性と結婚し、海外に移住してしまったのです。

オーナーさんは一人息子のために、保有する物件とは別に分譲マンションの部屋まで用意していたのですが、息子さんが独断で結婚してしまったことで、親子の間に摩擦もあったようです。息子さんが賃貸経営の継承よりも新しい伴侶と海外移住を選んだことで、オーナーさんはがっかりしてしまい、賃貸経営を続けていく気力を失ってしまったのでした。そして手持ちの不動産を売却し、売却資金で豊かなシニアライフを送ろうとご決断されたのです。

このオーナーさんの所有する物件は、1棟は鉄筋コンクリート造の5階建てマンション、もう1棟はやや老朽化した2階建ての木造アパートでしたが、オーナーさんの希望により両方の物件を売却することになりました。5階建てマンションについては、今後も十分な収益が見込まれたことから、利回り収益物件として商品化し、建物も入居者もそのままに、居抜きで売却することになりました。

問題は木造2階建てのアパートでした。老朽化して収益力が落ちており、収益還元法で計算して収益物件として売却すると、土地価格からみて不釣合いな安値しか付けられません。そこでこの物件については、既存の入居者の皆さんに立ち退きをお願いした上で、建物を解体し、更地として売却することになりました。

2つの物件の売却代金は4億円ほど。このオーナーさんはもともと借入れなどは殆どなく、税金を引いても3億円ほどが手元に残りました。これについてはファイナンシャル・プランナーとも相談し、株式や投信、定期預金などでポートフォリオを組んで、運用していくことになりました。つまり不動産資産を金融資産に換えたわけです。

今は息子さんのために用意したマンションにご自分で住み、もともと写真が趣味だったので自分の作品集を出版したり、ダンスなど新たな趣味も始められたとのことです。

オーナーさんがお子さんに賃貸経営を引き継いで貰うことを考えているのなら、早いうちから当事者意識を持って貰うことが大切です。そのためには、掃除、確定申告、何でもよいですから、賃貸経営の仕事を手伝ってもらい、興味を持ってもらいましょう。

とはいえ、誰にでも向き不向きはあります。お子さんが性格的に賃貸経営に向いていなければ、引き継いだとしても最終的に経営に失敗してしまい、かえって苦しむことになってしまうかもしれません。お子さんの適性についてはオーナーさんご自身が判断しなくてはなりません。ポイントを1つ挙げるとしたら「人付き合いができるかどうか」でしょう。というのも賃貸経営では、不動産会社、リフォーム会社、メンテナンス会社、居住者対応など意外に付き合う相手が多く、ある程度の社交性が必要だからです。また「うまく人を使う」ことも必要で、それができるかどうかもポイントになります。

いずれにしても「私ももう年だから、そろそろ賃貸経営を引き継いでくれないか」と頼む前に、お子さんと話し合い、お子さんの人生設計の中に賃貸経営というビジョンがあるかどうかを確認しておかなくてはなりません。現在の経営がうまくいっていて、お子さんにも引き継ぎたいという意思があるならば、「建物の老朽化が賃貸経営のやめどき」とはいえません。

2 「争族」を起こさないための配慮を

賃貸経営における大きな悩みの一つが、オーナーさんが亡くなり相続が発生した場合に、どのように遺産を分割し、相続人全員の納得がいくように財産を引き継いでいくかという問題です。

相続の対象となる物件が、例えば自宅併用賃貸住宅一つしかないという場合、どうやってそれを公平に分けるかは難しい問題です。かつてのような家督相続という制度はなくなり、長男も次男も、娘も息子も、相続人は全員が同じ権利を持っています。一つの不動産だけが主な財産という場合、売却し換金した上で分けるのであれば、遺産分割のトラブルは比較的少ないのですが、自宅など思い入れのある不動産の場合、売却せずに話合いで分割するケースも多いのです。

その場合でも、例えば親と同居していた長男が賃貸経営を引き継ぎ、自宅併用の賃貸住宅を貰い受ける代償に、他の兄弟には持ち分相当のお金を払うという形にすれば、争いは起きにくくなります。

けれども「分けるにも現金がない」といった理由でそれをしないで、不動産を兄弟で分割してそれぞれの名義を登記したりすると、後々トラブルの原因となります。賃貸経営を始める際も、相続税対策として賃貸アパートをお子さんと共有名義にするオーナーさんがおられますが、お子さんが2人以上いる場合にはトラブルの元となりやすいので注意が必要です。後年のトラブルを招かないためには、最初から相続を見据え、できるだけ問題が起きないような形を考えた上で土地活用を行わなくてはなりません。例えば兄弟が2人であれば、相続が発生した場合に簡単に2つに分割できるような形状の建物とする、といったことが考えられます。老朽化した賃貸住宅の建替えは、そうした配慮を行うよい機会であるともいえます。ただし、お子さんの中には結婚して遠くに住んでいたりして、賃貸物件の形で遺産を貰っても管理できないという人もいます。そうした場合には賃貸物件は管理できるお子さん一人分だけを手元に残し、残りは売却して、管理できないお子さんが現金で受け取れるようにするといった配慮が必要です。どういった形で財産を残していくのがベストなのかは、一つ一つのケースごとに違ってきます。そうした問題に慣れた税理士やコンサルタント会社などと相談して、早いうちにオーナーさんとお子さんそれぞれの都合に合わせて考えていかなくてはいけません。

判例から「阪神・淡路大震災の建物倒壊で貸主責任を問われた判決」

賃貸マンションの貸主の土地工作物責任（神戸地判　平成11年9月20日判例集未登載）

阪神・淡路大震災により中古賃貸マンションの1階が押しつぶされ、借主が死亡した事案において、建物（築31年）に設計施工上の欠陥があって通常有すべき安全性を有しておらず、設置の瑕疵があるとして、築16年後に建物を取得した貸主の土地工作物責任を認めたが、媒介業者については、「軽量鉄骨コンクリートブロック造」を「鉄筋コンクリート造」と説明した誤りがあっても、相当因果関係がないとして、その責任を否定した事例

1．事案の概要

Aら4名は、媒介業者Y2の媒介で、貸主Y1から、神戸市東灘区のマンションの1階部分を賃借していたところ、平成7年1月の阪神・淡路大震災で同建物の1階部分が完全に押しつぶされ、死亡した。

本件建物は、昭和39年に補強コンクリートブロック造として建築されたものを、Ｙ１が昭和55年に取得して、賃貸に供していたものであったが、設計上構造計算に疑問があり、施工上も配筋、緊結に問題がある物件であった。

また、登記簿上、本件建物の構造は、「軽量鉄骨コンクリートブロック造一部鉄筋コンクリート造3階建」となっていたが、Ｙ２は、Ａらとの賃貸借契約の際、「鉄筋コンクリート造3階建」と説明していた。

Ａらの親Ｘらは、本件建物に瑕疵があったとして、①Ｙ１に対し、安全な建物を賃貸すべき義務の債務不履行及び民法７１７条の土地工作物責任に基づき、また、②Ｙ２に対し、建物の構造について虚偽の事実を伝えたことによる債務不履行及び不法行為に基づき、総額３億３３４万円の支払いを求めた。

Ｙ１は、本件建物は昭和39年当時の建築基準法に適合しており、倒壊は震度7を超える地震という不可抗力によるもので、Ｙ１に責任はないと主張し、またＹ２は、建物の構造上の安全性についての調査義務はなく、表示を間違えたこととＸらの損害の間に因果関係はないと主張した。

2. 判決の要旨

これに対して、裁判所は、次のような判断を下した。

(1) 本件建物は、設計上壁厚や壁量が不十分であり、また、施工上も鉄筋の量が十分でなく、壁と柱が十分緊結されていない等通常有すべき安全性を有していなかったから、本件建物には設置の瑕疵がある。

(2) 本件地震は、現行の設計震度をも上回るものであったが、通常有すべき安全性を備えておれば、倒壊状況は大いに異なると考えられるから、Aらの死傷は、不可抗力によるものとはいえず、設置の瑕疵と地震とが競合して原因となっている。

(3) Y1の責任については、本件建物には設置の瑕疵があるから、土地工作物責任を負うが、本件倒壊は本件地震と競合したもので、地震への損害発生への寄与度は5割と認められるから、Y1は、本件建物倒壊により生じた損害の5割相当額及び弁護士費用について、損害賠償義務を負う。なお、債務不履行責任については、これが肯定されても土地工作物責任の額を超えないので、その責任の有無を判断しない。

(4) Y2の責任については、媒介業者は、特段の事情のない限り、建物の構造の安全性について調査義務を負わず、また、建物の構造の表示の誤りとAらの死亡との間に相当因果関係があるとは認められない。

（5）よって、Y1は、総額1億2883万8179円を支払え。

3．まとめ

本件は、築16年後に取得して、賃貸の用に供していたところ、築31年後に阪神・淡路大震災が起こって借主が死亡し、建築時の欠陥が判明して、貸主に土地工作物責任があるとされたものである。

地震の寄与度が5割あるとされたが、貸主にとって厳しい判決である。貸主には、土地工作物責任により重い責任が課せられていることを銘記する必要があろう。

【出典】一般財団法人 不動産適正取引推進機構 「RETIO 2000.2 No.45-P82・83」

〔著者紹介〕

谷崎憲一（たにざきけんいち）

大学卒業後、デベロッパー、ゼネコンにて土地活用コンサルティングに従事、多彩な活用事例に取り組む。その後、コンサルティング会社役員を歴任し、さらに、地主さん・家主さんの抱えるさまざまな問題解決機関として資産活用コンサルティング会社を設立、経営。

また、自らもアパート・マンションなどの大家業を営む傍ら、土地活用、相続対策、空室・滞納、賃貸経営全般の幅広い相談への対応経験を生かし、公的機関・JA・金融機関・大手住宅会社などでセミナー講師、インターネットサイトAll Aboutの執筆ガイドなどを務める。

その間、東京都内唯一の地主さん・家主さんの公益団体である公益社団法人東京共同住宅協会の相談員として、賃貸住宅経営者に対する公的な支援活動を長期で続け、現在は、同協会の第9代会長に就任している。

その他、首都圏直下型地震に備えた東京都耐震化推進都民会議委員、住宅確保要配慮者の民間賃貸住宅への円滑な入居促進を支援する東京都居住支援協議会構成員、障害者グループホームの供給を考える福祉住宅研究会主宰、公益社団法人全国賃貸住宅経営者協会連合会首都中央支部相談役、ＮＰＯ法人賃貸経営１１０番顧問など、公的活動にも従事。

築10年からの賃貸経営成功の鍵

平成28年４月26日　初版発行

著　者　谷　崎　憲　一
発行者　中　野　孝　仁
発行所　㈱住宅新報社

出版・企画グループ　〒105-0001　東京都港区虎ノ門3-11-15(SVAX TTビル)
（本社）　電話（03）6403-7806
販売促進グループ　〒105-0001　東京都港区虎ノ門3-11-15(SVAX TTビル)
電話（03）6403-7805

大阪支社　〒541-0046　大阪市中央区平野町1-8-13(平野町八千代ビル)　電話（06)6202-8541㈹

＊印刷・製本／美研プリンティング㈱
＊落丁本・乱丁本はお取り替えいたします。

Printed in Japan
ISBN978-4-7892-3784-0 C2030